好生活
大大
01

感謝與你相遇，成就生命中共同的美好

——我們在臺大附幼的成長故事

臺大附幼教師團隊 著
胡芳芳 殷千晨 策畫撰稿
Bai Lee 插畫

我們在臺大附幼成長的故事

附幼園區

附幼大門

臺大附幼教學團隊

幼兒晨間打掃園區

附幼大道

大草坪

盛開的九重葛

大小手

大小手沙坑遊玩

大小手自然探索

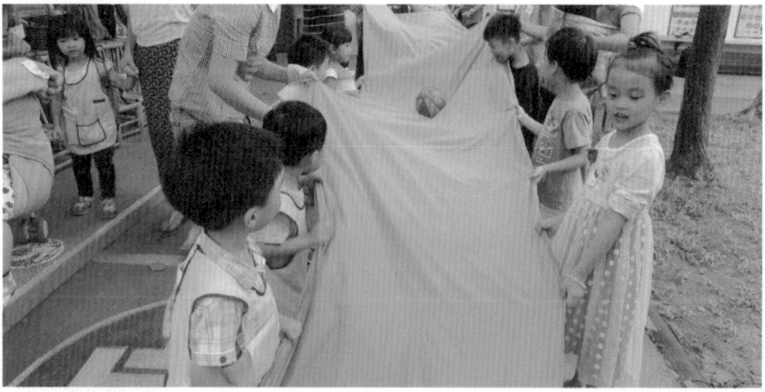

大小手親子遊戲

親子觀賞布袋戲

戶外玩蹺蹺板

臺大杜鵑花節表演

方案課程

骨牌方案

馬賽克方案

木工方案

寶藏巖菜園營造方案

建構臺大校園景點

花草變變變方案

迷宮方案

綠手指方案

親子合作煎蔥油餅

做披薩

布可思議方案

海底世界魚兒造型

雁行臺大

家長會活動

大班家長開畢業宿營會議

親子教育講座

家長參與畢業宿營活動

家長專長分享

校友回娘家

校友回娘家

大露營

臺灣大學附設幼兒園
臺大附幼
2015

大露營

臺灣大學附設幼兒園校友團
臺大附幼
2012
臺大附幼
2016
臺大附幼
2013

大露營

義工家長

義工家長帶領小朋友認識園藝植物

義工家長唸故事給小朋友聽

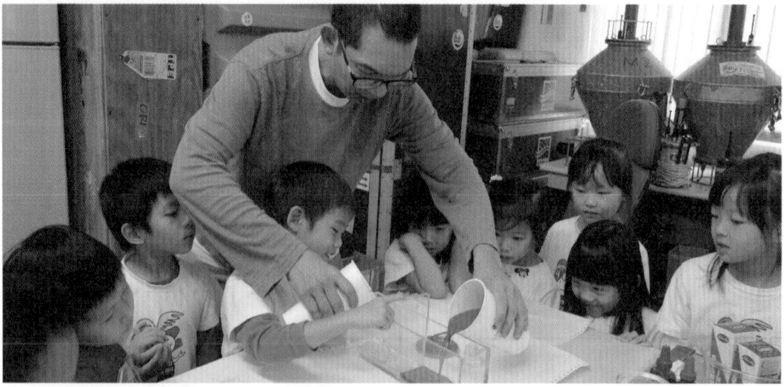
義工家長帶領小朋友做科學實驗

義工媽媽介紹台大農場的動物

義工媽媽說故事給全園小朋友聽

日文歌曲教唱

義工爸爸修理腳踏車

義工爸爸協助看顧下課後的安全

體育活動

體育活動 - 暖身運動

校園裡騎腳踏車

畢業闖關～拍球

接力賽跑

單雙腳跳

跳繩

運動會氣球傘表演

作者序

低矮校舍、藍天大樹、綠草地，還有珠頸斑鳩

——記憶我們一起走過的故事與時光

一晃眼，附幼已經走過二十多年的光景，令人感激的是在少子化的世代裡，家長依然想要把孩子送進來就讀。我們沒有華麗的外表，也沒有任何浮誇的宣傳，更沒有一般時下幼兒園所標榜的才藝或是外語教學，所擁有的只是低矮樸實無華的校舍、藍天、大樹、綠草地及校園可以看到攀木蜥蜴、松鼠、珠頸斑鳩、白鷺鷥或是偶爾拜訪的台灣藍鵲……等，就是如此自然的環境，深深吸引眾多家長與孩子；明明早上來上學時哭哭要爸媽早點來接，下課的時候就是不想回家，還想要繼續玩……，想要流連倘佯在自然的懷抱中，探究許多新事物，在此展開一連串探索跌跌撞撞學長大的成長故事。

我們要教育出的孩子，是何模樣？

教學上，附幼課程與幼兒活動的目標和特色結合，兩者之間環環相扣、層層堆疊形塑出屬於獨特的文化。像方案教學課程的發展歷程上，會刺激孩子有許多的奇特想法，老師非常接納孩子的意見，讓課程常常迸出火花，孩子從方案中學到正確語言表達、思考的收斂和發散、知識精確傳達和好品格的展現等，如此的教學也挑戰老師的教育專業，附幼的老師願意在別人休息時，常常開會討論課程教學，常思考教育出的孩子是何模樣？

我們的教學沒有讀寫算、沒有ABC、也沒有ㄅㄆㄇ，家長都知道附幼的教學很棒、很好、很無形，問家長也不見得能具體告知，但大能力卻紮紮實實深根在孩子的內心中，家長從孩子生活中的行為及孩子面對事情的態度中，看見附幼教育給孩子建構面對未來的能力，這就是附幼與眾不同的地方，也是教師團隊們一直堅持的原因。

就因為這樣的堅持，讓這份熱情延伸到家長的族群中，家長們也在附幼大家族的穿針引線下，從陌生到熟悉，從熟悉彼此互相扶持支援，最後成為一輩子的好朋友，感情好到成立ＦＢ分享教養心得、團購優質產品、家長演講也會互相直播告知。假日時，幾家一起相約出去玩已經是常態。就算孩子長大了，也可以幾屆畢業生聯合一起辦大露營，夜裡把酒言歡談談孩子成長的軼事，讓老師也了解每個孩子的成長過程，每年還相約「校友回娘家」的日子，回來看看園長、老師，就像家人一樣告知彼此的近況。在愛分享並堅持做對的事情下，這樣一個善的循環，建構出附幼大家族和樂歡欣的面貌來。

在火花中，淬煉出每個人的生命故事

多年來，附幼這個大家族一直傳送著許多美好的故事，家長、老師們也在這當中獲得滋養，教學團隊成員彼此互相衝擊激盪出火花，在火花中淬煉出自己個人的生命故事。在這本書《感謝與你相遇，成就生命中共同的美好：我們在臺大附幼的成長故事》裡面，呈現的都是在附幼園地的日常事情；有的是小小孩在園區裡面學習的成果，也有老師們的自我成長過程；或者是整個教學團隊形塑一個幼兒園文化的歷程；還有孩子給予的單純感動故事。

這些點點滴滴的故事隨時發生在附幼裡面，累積成愛、分享、感恩、利他、共好、有品性的附幼文化。隨著時間過去，人的記憶是有限的，唯有訴諸於文字，或許可以將在此所經歷過的人事物做一個紀錄吧！這本書的出版，希望為這二十多年的光景，留下一些些的軌跡。

CONTENTS

目錄

作者序　低矮校舍、藍天大樹、綠草地，還有珠頸斑鳩……017
——記憶我們一起走過的故事與時光

第一章　一所充滿玩伴的學校

每個人，都曾經是個孩子……030
快樂是教出來的……031
打敗分離焦慮大魔王……032
每個孩子都有勇敢的DNA……035
孩子能自己解決問題……038
老師的角色，不是替學生解決問題……040
大手小手，都是孩子的好幫手……041

臺大附幼目標與特色……044
大小手情更久、路更長……045
大人放手，孩子會快樂長大……049
互相幫忙，也是互相學習……052

第二章

愛，是一切的解答

為什麼我們需要愛的教育？……058
與孩子相遇，就是一種緣分……059
情緒失控的秘密……061
學習建立「正向情緒」……063
小孩，難道就不懂愛嗎？……064
愛，會讓人願意改變……065
愛自然的孩子，最快樂……068

大自然，是一間開放的教室……069
拒養宅小孩……071
負責任，從小培養……073
別剝奪孩子學習的機會……076

第三章

有一種能力，看不見摸不著，但是最珍貴

真正重要的東西，只用眼睛是看不見的……082
體驗式的學習……084
孩子的學習，由模仿開始……087
大人和小孩都會犯錯……088
從環境中學好品格……090
每一堂課，都是品格教育……092
六大核心德目，環環相扣的價值觀……092

臺大附幼品格輪……093
關懷，是病痛最好的療癒……094
無條件的信賴孩子……099
孩子心，海底針？……101
教出好品格的孩子，比教出聰明孩子更重要……104

第四章

靠得住的除了自己，還有別人

只要我喜歡，有什麼不可以？……108
這世界，有許多遊戲規則需遵循……112
別人，就是自己的明鏡……114
謝謝別人，照出最真實的自己……117
誰的聲音，都不能被忽略……119
討論的文化……120

協同教學，創造討論文化……123
團隊勝出，英雄淡出……125
學校裡的定心丸……125
自信的光劍……130
附幼的「討論文化」……133

第五章

先要懂得怎麼玩耍，才懂得學習

小山坡上的第一堂歷史課……138
大玩特玩的重要性……139
方案教學的秘密……144
真實的畫面，就是最好的教育……144
感謝生命中的擦肩而過……146
小視角，也能捕捉大世界……149

小小孩鳥瞰寶藏巖……149
孩子們的寶藏巖大地圖……152
從外星降落的小小藝術家……155
一座能任意移動的寶藏巖寺……155
及時伸出援手的夥伴……159
寶藏巖方案課程：培養孩子自主學習的能力……161

第六章
給孩子自己完成一件事的權力
真心想要，孩子會自己開口……166
孩子的成長，不會總是一路順遂……168
把人做好，就會把事做對……171
教導孩子如何做人……172
不能半途而廢的方案課程……174

大課程裡面，隱藏著小課程……177
從課堂上培養生活經驗……178
孩子的創意玩法……179
猜拳，也是一種解決方法……181
尊重和自己不一樣的人……184

第七章

成為生命中共同的美好

授權的開始、責任的承擔……190
慢下來、飛得更遠……193
繼續往前飛，期待歸來……196
別怕，我們帶你一起飛……198
生活，因你而多彩……202
臺大附幼，是大家永遠的家……208

第一章

一所充滿玩伴的學校

雖然早就有聽聞外界對臺大附幼的好口碑，但沒有親眼望見這裡的一切，似乎很難想像，在城市的中心，有一個如此溫暖的地方。用手推開輕便的鐵門，再雙腳踏進這座小小的幼兒園內，雙眼好奇得東瞧瞧、西看看，一不留意，還以為被時光機載走，幼兒園的操場上擺著幾台矮矮小小的嘟嘟車、迷你腳踏車，教室旁的書櫃塞滿了好幾百本的童書，仔細一看櫃子上還放了好多的積木與玩具，走進這裡短短的時間內，靈魂居然變得孩子氣，心也柔軟了起來。

生活中不是只有老師和家人，成長的路上會有一起學習的同班同學，也會認識新的朋友，我們希望透過大手和小手的活動設計，讓每個孩子能學習與人相處，培養分享和同理他人的心，進而去照顧他人、服務別人。

每個人，都曾經是個孩子

就是這個地方了，像是一座有魔法的遊樂園、又像是充滿神奇故事的童話屋……沒錯！得加快腳步，目的地就在前方了，先穿過矮樹叢的小徑，再繞繞蜿蜒的幾條小路，眼前果然出現了看似不起眼的鐵門，就是這裡，一個家長們與孩子們都喜歡的魔幻樂園：臺灣大學附設幼兒園。

用手推開輕便的鐵門，再雙腳踏進這座小小的幼兒園內，雙眼好奇得東瞧瞧、西看看，一不留意，還以為被時光機載走，幼兒園的操場上擺著幾台矮矮小小的嘟嘟車、迷你腳踏車，教室旁的書櫃塞滿了好幾百本的童書，仔細一看櫃子上還放了好多的積木與玩具，走進這裡短短的時間內，靈魂居然變得孩子氣，心也柔軟了起來。

雖然早就有聽聞外界對附幼的好口碑，但沒有親眼望見這裡的一切，似乎很難想像，在城市的中心，有一個如此溫暖的地方。

「每一個孩子都是我的孩子，每一位老師都是我的家人。」園長用鏗鏘有力的聲音說著，每一個人都需要好好的被照顧，孩子需要呵護，老師也是。確實是啊！不只是孩子需要關心與照顧，大人也是，大人就像是長大以後的小孩，即便識字的量變多了、歷經的挑戰也增加了，但在人生這一條漫漫長路仍然會感受到疲憊與疲倦，如果沒有堅強的安全感與厚實的關懷，生命的能量有一日也將會萎縮而乾枯，這種時候一旦碰上了挫折，也許仍然會像個孩子一般，要賴與哭泣。華特・迪士尼曾說：「大人，只不過是長大後的小孩！」世界是一所巨大的學校，要成熟的學習，也要孩子氣的玩樂。

快樂是教出來的

「希望能教給孩子們分享的力量。」

「讓孩子們知道：愛，能帶給自己幸福也給予別人幸福。」

「運用小小身軀裡潛藏的勇敢DNA，穿越各種挑戰。」

「擁有解決問題的能力，就算遇到困難，也能幽默自在的生活。」

「給孩子們自信，讓他們喜歡自己從頭到腳的每個部分。」

上面的這些信念，是附幼團隊期希望能從小小孩時期就教育他們擁有分享的力量、勇敢的ＤＮＡ、愛自己與愛別人的能力，還有解決問題的技能……等帶著走的大能力，遠勝於教孩子聽說讀寫，唯有如此，才能幫助孩子們在未來走得更穩且更快樂！

書本上的知識，孩子們在未來的日子中會一點一滴地慢慢學習，但是品格卻需要從小開始紮根，世界這本大書，不像是課堂中的參考書，翻了幾頁就能讀完；更不是測驗券，用筆填寫就能獲得解答。世界給予人們的考驗和挑戰，需要耗盡一輩子的時間經過試煉。在這個小小孩時期，給他們滿滿的信心和溫暖的後盾，才是最重要的。

打敗分離焦慮大魔王

每年的九月是幼兒園的開學季，這時候也是附幼最忙碌的時刻。老師們和園長在各個教室間忙進忙出，因為新的小小孩，即將踏入他人生的第一所學校了！

多數的孩子在進入幼兒園之後，第一關遇上的就是「分離焦慮」大魔王，有些孩子一踏入幼兒園、離開父母的擁抱以後，淚水和鼻涕就像是潰堤一般流個不停，孩子與爸媽長時間分開的痛苦，小朋友會感到極大的恐懼與不安。

從孩子的視角看到的是陌生的環境、陌生的臉孔，對於有些孩子而言，陌生代表的是探索、冒險、嘗試、體驗的開始，然而對另一群孩子而言，陌生則是代表恐懼、害怕等負面情緒的產生，因此會躲在父母的身後，需要依靠父母安全的肩膀，帶他們面對這陌生的環境。

開學後的一個月，普遍來說，新來的孩子們逐漸會開始熟悉園區裡的種種生活。而最快熟悉的還是附幼的遊樂場，一旦活動結束時，孩子們以衝刺的姿態離開教室，自由自在地奔馳在草坪上大玩特玩，先滑好幾遍的溜滑梯，然後用兩隻小眼睛看看四周，觀察那些和自己一樣擁有小小身軀的朋友都在做什麼；接著摸摸樹幹的紋路、聞聞落葉的味道、撿拾地上落葉，玩得不亦樂乎，直至搖鈴聲響起才慢慢走回教室。

當然，也是有一些即使可以接受爸爸媽媽離開的事實，但內心還是需要給予時間上的適應。

就讀大海班的小菫，是一個生性非常害羞怕生的孩子；害羞的她不太習慣和陌生人相處，一看到陌生的面孔，就習慣躲到爸爸媽媽的身後。

每天早上的上學時光，媽媽總是細心的抱著他來學校，雖然已經在學校上課一段時間了，但小菫還是非常不適應，早上的上學時光對他來說，是一天中最難熬的時間，因為小菫必須要和媽媽分開一段時間，等到下課才能再看到媽媽。

「媽媽不要走，我不要上課……」

「小菫聽話好嗎？晚點我就會來接你了！」

「不要……我不想上學。」

每一天的早晨，小菫總是會這樣和媽媽對話，無辜的眼神透露著對新環境的不適應和恐懼。然而，所有的習慣都是從不適應開始，沒有勇敢的踏出舒適圈，就很難走進世界靠近人群。

「小堇，和媽媽說再見了，老師抱抱！」媽媽笑笑地揮手，並對秀秀老師點點頭，然後就漸漸的離開校園。

每個孩子都有勇敢的ＤＮＡ

雖然小堇的媽媽每天都是這樣離去，但看著自己媽媽離開的身影還是讓小堇感到特別難受。

成長的過程，都是一邊摔跤、一邊流著眼淚度過的，摔倒了站起來就好，難過到淚流滿面就等淚水乾涸，勇氣的種子會伴隨在成長和磨練的歲月中發芽，有朝一日，在孩子的心中變成一棵勇敢又堅強的大樹。

附幼的教育，一直以來都希望能教給孩子們獨立自主的能力。而讓孩子們學會獨立自主的第一課，就是克服分離焦慮，練習說再見。

從孩子們的角度出發，要打敗分離焦慮大魔王，本來就不是一件簡單的事，如果挑戰成功，孩子們反而就更能悠遊徜徉在附幼的園地之中。

沒有人能夠預測未來，孩子的未來我們只能給予養分，讓孩子有能力面對自己，因此孩子們在此時此刻學習勇敢，大人做為孩子的堅強後盾，讓孩子們成為他們自己，創造自己的未來就好。

「孩子在不適應的環境中，會產生強烈的不安全感，他們也會因此不敢嘗試新的事物，這時候老師能做的就是教導他們學會信賴。我們的方法是先和孩子們當朋友，陪伴他們聊聊天、和他們玩，等到他們對老師產生信賴感以後，再開始陪伴孩子們練習新的事物。」

秀秀老師說，希望來幼兒園裡學習的孩子們，能夠懂得在哭泣中尋找成長的答案，因為她不希望孩子們在長大後遇到難題的同時，只會用哭泣面對，這不是唯一的方式。

就像大海班的小堇，剛開始上學時，只要和媽媽分開，眼淚就不停地流下來，哭泣的時間很長，有時候哭泣的聲音大到整個園區都聽得見。但是秀秀老師還是一次又一次的抱抱她、陪伴她，有時候是輕輕地用言語安撫，有的時候是摸摸小菫的頭給她一點安慰。

時間一久，小菫對秀秀老師的信任感與日俱增，小菫早上上學和媽媽分開時，仍然一把鼻涕一把眼淚喃喃自語的說媽媽別走，但她已經能牽著秀秀老師的手，看著媽媽離去的背影，而不是用大哭大叫緊抓著媽媽不讓她離去，這小小的變化象徵著孩子已經邁開獨立的腳步，勇敢的ＤＮＡ，已在她的心田中播下種子。

一直以來，附幼的教育除了著重在幼兒的品格教育之外，也希望能鍛鍊幼兒的體力。在活動設計之中，會參雜著很多體適能或感覺統合等活動，讓孩子們可以一邊認識自己的身體，一邊鍛鍊體能。

上了大班的小菫，已經能好好和媽媽說再見，但對於學習新技能與新活動的適應力，還是比較薄弱，而這個情況也反映在體育活動之中。體育課程中總是不願意嘗試各項活動，如果老師靠近小菫示意一起運動，小菫就會立刻坐在地板上嘩啦啦的大哭一場，誰拿她都沒轍。

「因為小董特別怕生、也比較害羞，所以一觸碰到新事物就會有防備。在不熟悉的事物面前，小董很習慣逃避。」

秀秀老師看見小董學習上的困難，知道要讓小董變得更勇敢，唯一的方法就要讀懂小董的心思，用朋友的身份和她站在一起，陪著她一起挑戰新事物，體內的勇敢DNA種子就會漸漸萌芽。

孩子能自己解決問題

在秀秀老師的陪伴下，她成為小董生活上的學習玩伴後，很快的就打入小董的心房，小董和秀秀老師變成了好朋友，小董的學習能力就大幅度的快速成長。在生活中一旦發現有趣的事情，小董會迫不及待地與老師說，秀秀老師也會仔細地聽並且給予回饋，有時候是一起大笑，有的時候則是向小董丟了一個新問題激發他思考。

現在的小董，已經能在體育活動中輕鬆的運動和玩耍，還會主動挑戰新的幼兒律動，體力和適應力的進步外，也變得喜歡上學，積極參與學校活動，還會照顧小手，陪小手一起打敗分離焦慮大王，令老師和小堇媽媽都感到欣慰。

「成為一個讓孩子信賴的人，是最好的教學秘訣。比起打罵教育，花時間理解孩子的心思，然後再教給孩子們學習的道理，有時會有意想不到的效果。」

秀秀老師認為，一個小孩子的不安全感，並不一定只來自於外在因素，有的時候是孩子對自己不夠有自信，因為對自己不夠信任，所以在行為及反應上都會較為保守緩慢，身為大人的我們，如果沒有看清楚孩子真正的心思，用再嚴厲的方式逼迫他們學習，也不會有什麼好的效果。

「我們需要讓孩子們認識自己，知道自己做得到、自己不孤單。並且在孩子們的心中建立一種信賴的形象，那就是如果自己做不到的事情，也不需要害怕，因為除了媽媽爸爸以外，老師也會陪伴孩子們突破挑戰。」

老師的角色，不是替學生解決問題

當孩子遇到挫折時，大人往往輕看孩子們身體潛藏的力量，於是焦急的想干涉和介入，幾乎不太嘗試選擇等待和觀察他們的一舉一動。

做父母的都會希望自己的孩子一路健康快樂地成長，所以一看到孩子掉眼淚、臉上透露害怕或不安，就會十分焦慮。事實上，因為每個孩子都是不同的個體，都是獨一無二，就算在學習的過程中比其他的孩子進度稍慢，並不代表孩子不勇敢、不堅強，也不代表他的未來發展就不好，許多時候，父母的擔心只是多慮了。

「孩子的成長不會永遠都是漂亮的上升拋物線，有的時候他們今天不會這個技能，但可能明天就會了，或者是後天就會了。」孩子不是真的不會，只是他們還需要再多學習一次、多練習一次。

孩子們的成長曲線是起起伏伏的，有些沒有經驗的父母心情也跟著起起伏伏，但如果知道這一切都是成長的學習過程，就不需要如此掛心與擔憂了。

當孩子遇上了困難，附幼的老師們選擇在背後默默地守護孩子，而不是衝到第一線化解危機，老師的角色並不是替孩子們解決生活的挑戰，而是引導孩子如何解決生活上的難題。

在面對生活的挫折或難題時，如果一路上都有老師和父母的支持，適時給予錦囊妙計，孩子們會在學習的路上會變得越來越成熟，並且學會自我獨立的好本領。

大手小手，都是孩子的好幫手

多數的小小孩打從娘胎出生以來，就未曾離開過爸媽身邊，跟著父母到幼兒園上學的第一天，許多小小孩會以為是要去遊樂場所或公園玩耍。孩子們會以為爸媽和平常一樣，會在一旁陪伴自己，所以當爸媽將孩子交給老師，並揮手說再見的那一刻，孩子才真實的感受到原來不是這樣。於是，馬上哇哇大聲哭喊，使出全身力氣雙手環抱媽媽的身軀不肯放手，父母的心被孩子的鼻水淚水黏著，難以割捨放不下手，九月份幼兒園開學季，每年都會上演新生哇哇大哭、新手家長不捨寶貝的戲碼。

附幼的老師們觀察到這個現象，決定設計一個「大手牽小手」活動，就像是大學裡學長姊照顧學弟妹一般，讓新來的小小孩即使父母不在身旁，抵達學校以後，除了老師之外，還有一個能陪伴、照顧的大哥哥或大姊姊。

小手是新生，大手則是大班的舊生。大手曾經走過新生入學時思念父母的階段，最適合以「過來人」的身份撫慰小手，大手就像是幼兒園裡的學長姊一樣，小手則是學弟妹，兩者彼此的陪伴分享，除了撫慰小手的心靈，建立起對新環境的信任感，對孩子們會有很多層面的影響。如孩子們的同理心的培養，提升孩子的社會互動溝通能力，讓雙方體會到尊重和愛的力量，大手和小手是彼此的玩伴，也是最佳的搭擋！

「生活中不是只有老師和家人，成長的路上會有一起學習的同班同學，也會認識新的朋友，我們希望透過大手和小手的活動設計，讓每個孩子能學習與人相處，培養分享和同理他人的心，進而去照顧他人、服務別人。」

小美老師認為，賦予每一個大手負責照顧一位小手的任務，不只是幫助小手能儘快適應新環境，也增加彼此的交流。

時下家庭孩子的數量都不多，不像前一代守著子孫滿堂的觀念。所以，現在的孩子們成長道路總是比較孤單一些，獨生子、獨生女家庭比例也越來越高，而大手和小手的活動，讓孩子們像是多了一個兄弟姐妹，也彌補了現代家庭獨生子女缺少的兄弟姊妹情感。

大手雖然只比小手年長一到兩歲，但接收到「照顧小手」這個任務以後，心境上也會有所轉折。有些獨生子或獨生女從小備受寵愛，如今從被呵護與受照顧的角色，轉換成一個需要照顧他人的角色，心會頓時變得堅強與勇敢。

臺大附幼目標與特色

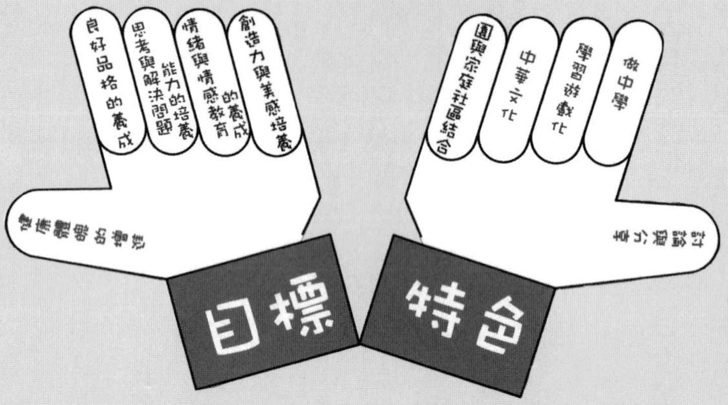

充滿玩伴的學校，主要是讓孩子在遊戲中學習「大能力」，所以臺大附幼根據孩子的需求，設計了教學的目標與特色。在這所學校，孩子能夠「愛學習、樂學習、自主學習、終身學習」。像是期許孩子在未來能面對各項挑戰，培養孩子有解決問題的能力；在未來是一個好公民，從小就讓品格在孩子的身上扎根。

附幼每項能力的學習，都有嚴謹的課程設計，針對不同年齡層的孩子就有不同層級的課程設計，讓孩子可以適齡、適性的學習。文中所提大小手活動，會先讓小手從交朋友開始，藉以適應新老師、新環境及新文化，進而喜歡上學習新事物；而大手已經浸潤過附幼的文化，也要身負傳遞與教導的責任，讓大手能根據自己的能力為園所及環境盡一份力，長大自然就會為家庭、為社區盡一份心力。

大小手情更久、路更長

「有些特別受寵溺的孩子們，或者從小集結大人注意力的小孩，在大手和小手的合作之中會有很大的成長。我們會看見較為任性的小手，在大手的領導下變得較有禮貌，也會看見有霸王性格的大手，被小手柔軟的肢體語言感動而變得溫柔。」

小美老師說，孩子們會用屬於孩子才懂的方式和彼此溝通，有衝突或是有默契的交流都是常見的現象，就像是在現實世界中，我們也會有和某個人一見如故，也會和某些人一看就毫不對盤的現象發生。原來小小孩的世界沒有和大人差距太多，平常大人們會煩惱的事情，小小孩或許也會感到困惑。

附幼教師所獨創設計的「大手牽小手」活動，其實不止幫助了孩子們的成長，也影響著孩子們的爸爸媽媽。

「孩子們基本上都會回家向爸媽分享在幼兒園發生的事情，無論是玩了什麼活動，老師說了什麼……只要他們有印象，他們就會嘰哩瓜拉的和爸媽說個不停。所以爸爸媽媽都會知道自己的孩子在園裡多了一個學弟妹或學長姊。」

小美老師笑著說，爸媽自然會好奇自己孩子的大手或小手是誰，園方也會進一步辦活動，讓孩子有新朋友的同時，爸媽也結交了新的朋友，最後雙方家庭都變得熟識，這樣的過程對新手爸媽來說，是非常寶貴的經驗。

大手和小手的家長一碰到面，往往會滔滔不絕的分享，從孕育孩子的過程、成長的生活故事，一點一滴不藏私的聊起，大手媽媽因為育兒經驗比較成熟了，也更傾囊相授的交給菜鳥家長教養撇步。新手媽媽因此結交了一個最佳的教養顧問，老師們也非常開心有這樣的結果。在孩子的成長路上，如果家長能結交到一輩子的摯友也是難得的緣分。

「剛開始以為大手小手的情誼到孩子畢業後就會漸漸變淡，但後來才發現並沒有，兩家的情感會隨時間越來越親密，就像是家人一樣！孩子們即便都念不一樣的學校，但家長仍願意花時間在假日或放學後相聚。」

小美老師對於大手和小手的真摯友誼感到十分感動，她說，許多時候大小手還會相約回到幼兒園中探望園長和老師，回憶在附幼時點點滴滴有趣、可愛的故事。

大小手越來越成熟後，家長需要與附幼繼續互動的平台。二〇一四年，成立了「臺大附幼好野社」ＦＢ，這足以說明附幼是一個大家庭，好野社是由家長們自發性發起活動討論平台。讓附幼的在校生與校友家庭可透過此平台，以孩子為中心，發揮揪團的最大力量，因為是好康大家共享，故成員的設定較寬鬆，只要孩子念過臺大附幼的家庭皆歡迎加入。

從此各種團購就出現在好野社，像牛豬肉、橄欖油、水果、醬油、咖啡、口罩等等，舉凡可以買的都團購過。但好野社的功能不只限團購，像有爸媽收集全台灣的鳥類叫聲，也放在好野社中供大家使用；還有「亂跑團」，讓有志慢跑的家長參與全台跑步運動；有時校友或在校生會舉辦旅遊活動，互相邀請大家踴躍參加，讓彼此的情感更加溫。

讓人最感動的事情是大小手的精神也延伸到小學去，有一位特殊孩子要上小學，剛好就是他大手的學校，大手開學時主動帶小手進教室，下課時還抽空來看小手，關心小手上學狀況，讓小手減緩並適應新環境的困擾，小手的爸媽後來知道了十分感動。現在只要每年的畢業生會就讀那些學校，都會放在好野社平台，讓畢業生知道今年有幾位畢業生要去自己的小學，就會主動在開學時帶領新生介紹校園，帶他們去新生教室。若是爸爸媽媽想了解每個小學的差異，也會邀請就讀家長回園詳細說明，讓幼小銜接無縫接軌。

大小手和附幼老師的情感越來越緊密後，有位曾就讀附幼雙胞胎兄妹的阿公和阿嬤，持續在畢業多年後每一年的七月，都會邀請大手家庭和附幼的老師們去家裡坐坐。

那裡不僅有池塘可以釣魚、還可以相聚一同烤肉、玩遊戲……阿公阿嬤好客熱情的個性，讓大家把這裡當自己家玩耍、聊天，還去雞舍撿雞蛋、釣魚、烤肉等，活動一個接一個，大夥兒每一次都玩到星星出來，才依依不捨的回家。

「真的就像是一個大家庭一樣，一起參與活動會特別的感動，因為真的能感受到阿公和阿嬤把自己當成家人，所以我們都會說是要相約回大園娘家。」園長與老師們說，大園的家就是附幼的分校了，而阿公和阿嬤當然是分校校長和校長夫人，他們是附幼團隊溫暖的後盾，這股愛和幸福的力量，凝聚了所有人的心。

大人放手，孩子會快樂長大

小佑是個性活潑好動的男孩，平常最喜歡跟在哥哥身旁嬉戲，小汽車、樂高玩具、飛機、機器戰車，都是他們兩兄弟最愛的寶貝，有時為了爭奪玩具，兩兄弟還會大動作的互相爭吵打鬧，即便身旁聚集著其他孩子們注目的眼光，小佑兄弟仍然會為了玩具相互決鬥，他們的眼裡彷彿看不見周圍的人，只看得見彼此，以及那些心愛的玩具。

或許是因為平常早已習慣和哥哥「動作派」的互動模式，小佑有點霸氣的性格，動作大又有點粗魯的形象，是老師和同學對小佑的印象，但如果仔細觀察，會發現在小佑的肢體語言中，藏了滿滿的熱情和能量。

「小佑，這是你的小手，她叫貝貝，請你要好好照顧她喔！」小蘭老師溫柔的向小佑介紹了他的小手妹妹，小佑沒有回應，只是用力的猛點頭，並將雙眼睜得大大的看著小手貝貝。

相較於小手妹妹貝貝，在第一次與大手哥哥見面時，臉上露出了一點緊張又不安的神情，同樣的張著大大眼睛看著小佑，她伸出手來抓著小蘭老師的裙襬，貝貝或許是有點驚訝，原來，我的大手是一位哥哥。

「一想到當時貝貝和小佑的初次見面，總覺得特別可愛。小佑點頭如搗蒜的模樣，邊透露著他真的很喜歡小手妹妹。」小蘭老師說，看見小佑的反應，知道小佑一定可以負起照顧小手的責任，不停點頭的動作，代表著一種單純的承諾。

貝貝是家裡的獨生女，從小就在父母和長輩的疼愛中漸漸成長，沒有兄弟姐妹的她不太擅長和人相處，貝貝剛到附幼上學時，每次和爸媽說再見，都是一把鼻涕一把眼淚的相送。對於適應新環境和陌生人，是貝貝比較薄弱的部分。細膩又敏感的個性，讓她需要花一段時間和人相處後才能信任別人，在第一次大手和小手的互動中，才會顯得較慢熟。

小蘭老師觀察這對大小手的互動，認為他們彼此支持和協助的部分很多，小佑學著從弟弟的角色轉變成為一個哥哥的角色，而貝貝則能從熱情的哥哥身上得到滿滿的關懷。不出所料，隔天小佑一有空檔就會主動跑來找貝貝玩。小佑也大方和小蘭老師分享他非常喜歡貝貝，希望能好好保護她，一遇到什麼好玩的事情，小佑就會迫不及待要和貝貝分享。

小佑和貝貝的互動情形，很快的傳到貝貝的父母耳中。因為貝貝是家中唯一的寶貝，貝貝的爸爸一聽到貝貝的大手是男生就感到特別緊張，深怕小佑一不小心就會弄傷貝貝，或者是讓貝貝學習到不良的行為。

「我們都知道小佑就只是很單純用他的方式，負起照顧貝貝的責任，男生在遊戲中，雖然動作比較大，但並不會對小手造成傷害。」小蘭老師輕鬆的看待小佑和貝貝的互動，也不斷的和貝貝的爸爸溝通，大手一定會將貝貝照顧好，雖然貝貝的爸爸仍然覺得有些擔心，但願意相信小佑，同時也給自己一次機會，學習放心，相信孩子才會快樂長大，大人，請別過度擔心孩子的人生。

「其實能理解貝貝爸爸的擔憂，小佑的個性的確較為亢奮熱情，而動作大也是事實，因為貝貝的出現，小佑有很多的轉變，像是他和貝貝互動時動作放慢許多、沒有那麼衝動，在戶外遊玩時會溫柔對待貝貝，和他平常與其他男孩子嬉戲時完全不一樣。」

小蘭老師觀察小佑有很大幅度的轉變和成長，探究其原因就是因為小手妹妹貝貝的出現。

互相幫忙，也是互相學習

在一次小手和大手的戶外活動中，貝貝和朋友玩耍的過程中，不小心跌跤，小佑發現後就馬上過來告訴貝貝的老師，讓貝貝在跌倒的第一時間，就做了傷口的處理。

「小佑是真的非常愛護小手貝貝，總覺得小佑把貝貝當作是自己的妹妹照顧，貝貝跌倒擦藥的時候，小佑也在旁邊關心陪著貝貝，此時貝貝也深刻感受到，大手小佑的對自己的關懷和愛護。」

自從那次起，貝貝的爸爸對小佑更放心，他看到在小佑粗獷的男孩形象中，同時也有熱心助人的心，貝貝的爸爸越來越看重小佑的付出，並和貝貝說要謝謝大手哥哥的愛護和照顧。

人們總是不知不覺被人的外貌和形象影響，以為粗獷就是粗魯有危險的、個性較為怕生就是軟弱，很多時候都不是我們所想的那樣；粗獷有力，也能有一顆溫柔又體貼的心，個性慢熱怕生，也潛藏著敏銳謹慎的態度。

信任，是需要人和人一起相互學習，被刻板印象綁架的大人，仔細觀察孩子們的世界，會看見更多人與人之間的溫暖和熱絡。

還有一次，貝貝因為生病所以好幾天沒來上學，小佑一聽到貝貝生病，反而更常跑到貝貝的教室探頭關心，會主動詢問貝貝的老師，貝貝什麼時候會來上學。所以當貝貝身體復原回來上學時，老師馬上就通知小佑，小佑以自己的歡迎方式向貝貝打招呼。

對小小孩來說，關心的力量是一股很大的支持力，敏感的貝貝意識到小佑溫暖的心，在往後的相處過程中也更自在的和小佑相處。而貝貝的爸爸媽媽也很感動大手小佑，對自己的心肝寶貝如此呵護。

當小佑要畢業的時候，貝貝的爸爸媽媽還特別教貝貝製作卡片，上面畫著可愛的插圖、寫著感謝的話，到畢業的那天，貝貝親手將這張感謝卡交給小佑哥哥，謝謝大手小佑哥哥這一年的陪伴和照顧。

小佑和貝貝就像是磁鐵最極端的兩極，一個堅強粗獷，一個溫柔又敏感，雖然看似是極端，但雙方卻有著能彼此互補與學習的部分。

互補的交流，在大手和小手的互動模式中是無價的。孩子的學習過程，應該拋開性別與年齡的成見，沒有男孩子就得和男孩子玩的道理，也沒有女孩子比較瞭解女孩子的潛規則。

附幼教師團隊發現，大手和小手都是獨一無二的個體，每個小小孩擅長與拿手的都不相同，在大小手互動的過程中，有時是大手需要依賴小手，有時是小手需要大手的輔助，因為在一起更能培養出愛、關懷及堅定的友誼。

第二章
愛，是一切的解答

這所小小的幼兒園有一個開放的環境，室內和室外都一樣精彩有趣，它隨著季節擺動色彩，隨天氣變化明亮，春夏有多樣的小動物、小昆蟲出沒，秋冬有雨水和繽紛的彩虹誕生，自然生態的瞬變最能引發孩子注意和熱情，學習的契機也在這裡隨時出現。

「人的一生有很多不同的老師，不是說在學校教孩子的才是他的老師，父母也可以算是孩子們的老師；朋友也可以算是孩子們的老師；大自然的小花朵、葉子、動物、昆蟲……都可以算是老師。」

幼兒園中的每個角落，都充滿新鮮事等待孩子發現和學習，每個老師都相信開放的園區能帶給孩子們更多奇妙的學習經驗。

愛的教育裡的「愛」，不是溺愛、也不是過度寵愛，而是意謂著要給孩子一個在愛與安穩的環境下長大，愛的教育，讓孩子們能在這世界站得更穩，更平衡。

為什麼我們需要愛的教育？

有人說，愛是透明的，既無法看見卻又感受得到。

有人說，愛是一種思念，想起某個人時心裡總是覺得暖暖的。

有人說，愛是一股安全感，在危機的片刻成為最佳的避風港。

對孩子們來說，愛是什麼呢？究竟是什麼味道？什麼顏色？什麼形狀？

愛，那麼複雜，大人都不一定懂了，小孩子難道會明白嗎？

「我們以為孩子不明白愛是什麼，說不定他們比大人還要了解。」文文老師說，孩子來到這個世界上時，雙手是敞開的、心是開放的。幼兒時期的孩子雖然童言童語，但有一顆細膩又敏感的心，即便他們會用小小的嘴巴說車子是天上飛的鳥，或者是把大象描述成是黃色的小怪獸，甚至是和動物玩偶溝通……

這一連串天馬行空的話語，其實隱藏著他們對這世界的好奇心和愛。聽起來充滿童趣的語言，反倒是隱藏了很多密碼，童言童語只是溝通的符號，潛藏在語言密碼之中，是一連串孩子們對世界的熱愛和好奇，這些訊息某種程度來說，對被科技、數位操控的大人而言，反而是異常珍貴的禮物。

與孩子相遇，就是一種緣分

在教育面前，人們談教條、談紀律，卻很少人談「愛」。「愛」這個議題很大卻又很小，大是因為愛是無限的，小是因為愛的能量很直接，雖然看不見，但總是不斷的發生。

敏感的孩子，雖然說不出愛的形狀和顏色，但小小的身軀和行動，卻會透露出他們對愛的想法。

小熊班的小辰，比起其他同齡孩子的身高顯得稍微弱小，不過，最讓人印象深刻的，是那一雙漂亮又深邃的雙眼，每一次和小辰對望，小辰的眼睛好像嘰哩咕嚕的在說些什麼。

「這個是我的！」

「不是！那個是我媽媽買給我的。」

「我拿到了，就是我的啊！」

小辰瞪著比他個子矮些的小華，大聲的重複嚷著「這是我的玩具」這幾個字，小華看著小辰吱吱唔唔的說不出話來，只能用哭泣聲傳遞自己的委屈。

中午的休息時間，哭聲劃破了整個校園，小華的委屈說不清楚卻能從哭聲中聽得明明白白。小熊班的文文老師一看到這個狀況，趕緊向前安撫了小華，並將小辰硬是搶奪過來的玩具還給小華。小辰睜大雙眼看著文文老師，老師先是摸摸小華的背、再擦擦他的眼淚，還來不及跟小辰說什麼，小辰已氣沖沖地跑到操場了。

小辰才剛來幼兒園幾週，就已經發生類似的情況好多次了，不是搶其他孩子的東西，就是在教室大聲吼叫，或是毫無理由的衝出教室。他情緒不穩定的能量，在班級裡慢慢擴散，稍微敏感的孩子就會感到有壓力，面對這樣陰晴不定的小辰，不止同學難以適應，也讓文文老師有點措手不及。

「碰上小辰這樣的孩子，當然會令當老師的感到非常有挑戰。尤其是他的個性相當的強，就像是石頭一樣，所以提醒他說不可以這樣、不可以那樣，並不會太有成效，某些情況下反而是按下了觸發小辰憤怒的按鈕。」文文老師說。

情緒失控的秘密

「那時候我都當自己在和小辰演一齣追逐戲，只不過我在追的，其實不只是把小辰帶回教室，還有在追他的心，希望能和這個孩子的心靠近一些，只有一點點也好。」

文文老師說，每個孩子出現在自己的班級都是一種緣分，而身為幼兒園老師就是要和孩子們共享、共守這份緣分。

這天才剛上課不久，小辰又把其他孩子惹哭了，他不開心的用手臂撞了米米的肩膀，米米一不小心跌在地板放聲大哭，文文老師立刻抱起米米，把她帶到保健室冰敷處理，這時，老師心想，看來是該和小辰的父母溝通的時候了。

小辰頻頻在幼兒園有情緒失控的情形一定有其原因，並非家長輕描淡寫地描述，他在家一切都沒問題這麼簡單，老師告知爸爸媽媽近來小辰在學校發生的問題，除了想找出原因之外，更真心想要幫助小辰，希望他在上小學前能學會控制自己的情緒，不致影響未來的學習與人際互動。

文文老師的這段話似乎打動小辰爸媽的心，小辰的爸媽雖然知道自己的孩子情緒管理方面較弱，但是也不知道該怎麼教育他，在談話當中，老師發現小辰的爸媽對小辰的教養方式非常嚴格，一旦小辰犯錯，他們就會用嚴肅或高壓的話語斥責小辰，而這些高壓或嚴肅的話語，對於一個孩子來說都太沈重、太不友善了。

整個談論的過程中，文文老師才知道原來小辰還有一個弟弟，小辰常會情緒失控、突如其來的大吼大叫，應該跟弟弟有關，因為小辰覺得自己缺乏關愛，他做的一切都是要引起大人們的注意。

「在家裡，爸爸媽媽總是聚焦在弟弟身上時，身為哥哥的他會感到恐慌，深怕自己在爸爸媽媽心中的地位被取代。小辰因為太沒有安全感，所以總是使盡全力要讓爸媽注意到自己的存在，不是小辰不喜歡弟弟，也不是小辰想要惹事，更不是小辰刻意讓自己的情緒不好，這一切的源頭都是因為：小辰希望爸爸媽媽能多關心他、多愛他一點。」

文文老師清楚跟小辰的雙親說出問題所在，並請爸媽改變對小辰的態度，常把愛字掛嘴邊，並且常常讓他感受到爸媽對他的愛，只要他有一點點的進步，就給他大大的讚美，讓小辰感受到爸媽心中真的有他的存在。

學習建立「正向情緒」

不管是親子或是親師在管教孩子的過程中，如果真的很動氣，不妨先讓自己暫停幾秒或深呼吸幾下，做為緩衝，或是先暫時離開現場，然後再思考，轉換心情跳脫負面情緒後，用適當語句來表達，別讓負面情緒主宰綁架了你。

管教孩子時，我們可以表達對孩子行為的不滿，但不應使用「把愛收回」的方式，所謂「負面情緒，如利刃」，有時壓力大、心情很差的時候，也很可能出現這種情緒化的語句。如果可以的話，讓自己每天空出十到十五分鐘的時間，與孩子聊一聊，讓孩子對自己有所看見。每天梳理自己的情緒，不讓負向情緒累積，在做好「人際溝通」之前，要先學習做好「自我溝通」，讓好情緒的養成透過學習而來。

小孩，難道就不懂愛嗎？

「平常上課的時候，可以看得出來小辰是個聰明的孩子，個性就算莽撞、霸道，但是在創意和體能上都有不錯的表現。而且就是因為小辰很聰明，他也能注意到大人對自己的反應是什麼。」老師說，小辰能一眼就看出大人對他是友善還是不友善，他心中有一把尺，小辰聽得懂道理，也知道自己做的事情不一定正確，只是他習慣用自己的方式，去回應外界給他的課題。

文文老師形容小辰既頑皮又聰明的個性，並篤定地說，這樣的孩子其實不難教育，只是需要多一點的愛與耐心。

「小辰的成長絕對不是一兩天，或者一兩週就看得一清二楚。每一次他弄傷別人、讓自己不開心時，他跑出教室的動作，就像是一種逃離，小辰不想承認也不想沉浸在這樣尷尬或不開心的情緒之中。我把小辰找回來，帶回教室抱抱他，和他說道理，我想傳達出來的是信任和關愛。」

每一個人都需要關愛和信任，因為那是一股溫暖和諧的能量。文文老師說，如果身為大人的我們，都需要別人的信任和關愛，小孩子理所當然比我們更需要。

愛，會讓人願意改變

某個早晨，小辰才一踏進教室的門，就眉頭深鎖，眼珠裡像是有火焰隨時都要被點燃，文文老師知道今天小辰不開心。正當文文老師這麼想的時候，小辰拿起同學的玩具大力往教室外面摔。

老師快速的把小辰抱起來，然後請另外一位協同老師安撫班上的孩子們。小辰用四肢敲打著老師的身體，並且放聲的用力大叫來表示他的不開心，從喉嚨發出的聲響，震得老師的耳朵很不舒服。這一次，是文文老師看過小辰最情緒失控的一次。

「小辰！小辰！好了……」

「不要再踢了哦！」

文文老師對小辰說：「老師都這麼愛你，你為什麼要故意做不對的事讓老師傷心，你會生氣我也會生氣，其他的小朋友也會有生氣的時候，可是我們有因為生氣就去打人，或者是亂丟東西嗎？你這樣亂生氣、亂打人、亂丟東西，讓我的心都碎了。」

小辰聽完文文老師這段話，突然間，放聲大哭。也許是他從來沒看過文文老師如此難過的模樣，也或許是想藉此宣洩自己一早來不平的情緒。

看著小辰嚎啕大哭的模樣，文文老師竟然也不自覺的眼眶濕潤，她再次的把小辰抱得緊緊的，然後趁這個時刻，在小辰的耳朵旁邊說：「以後不要再隨意亂發脾氣了好嗎？也不要亂打人了好嗎？如果有什麼事情來找老師，我一定會幫你好不好！」

小辰抽抽噎噎的哭著，然後輕輕地點點頭說了一聲：「好」。

文文老師知道，自己雖然在這個早晨挨了幾個拳打腳踢，但是也更靠近了小辰的心，前些日子上演的追逐戲碼，總算是有個完美的結局。

在爸媽的積極配合下，小辰開始有些轉變了，生氣或是受挫的時候不再大吼大叫，也不會找人出氣更不再往教室外逃竄，而是柔軟的身軀倚靠在老師身邊，告訴老師他現在的心情。太棒了，這個孩子已經感受到愛，而老師對他的愛，已經軟化這顆曾經是那麼剛硬的心。

有些人不了解愛的教育，因為他們認為愛的教育沒有教條與規範，更認為孩子不理解愛，所以需要用嚴厲的規範與教條來約束孩子。然而，愛的教育裡的「愛」，不是溺愛、也不是過度寵愛，而是意謂著要給孩子一個在愛與安穩的環境下長大，愛的教育讓孩子們能在這世界站得更穩，更平衡。

附幼教師團隊，在要求和愛中找到教育的平衡點，給孩子一個健康成長環境，當孩子做錯事時，需要的是老師對孩子的引導，當孩子做對事時，比稱讚更重要的是老師對孩子的肯定。

附幼愛的教育，希望能給孩子們在學習的過程中，擁有勇氣面對困難，願意在錯的事件上找到對的道路，老師和孩子們一起成長，讓彼此的人生不斷的進步，而不是一味的只追求答案。

愛自然的孩子，最快樂

夏天的台北又悶又熱，午後太陽把人都曬得快要融化，孩子們不怕熱，有的在操場裡蹲下來，擠眉弄眼瞧瞧這些比自己還要小的小蝴蝶、小螞蟻朋友，正在樹蔭草叢裡熱情歡唱跳舞，有的撿花、撿草玩煮飯炒菜扮家家酒的遊戲，或拔鬼針草追逐遊戲。

廚房阿姨提一籃麵包放後院廊下黑色木桌上，說這是今天下午孩子的點心，阿姨刻意用方巾蓋緊麵包，並把竹籃推一推靠近桌牆內側。這時也是孩子該吃下午點心的時刻，小美老師正拿起鈴鼓想提醒在嬉戲的孩子們收拾，身旁一個小男孩拉住老師的手並小小聲地說：「老師……噓噓噓！不要搖鈴，有一隻松鼠在旁邊。」

原來孩子不要小美老師敲鈴鼓聲，怕驚嚇正在偷走麵包的松鼠，只見松鼠用腳撩翻竹籃蓋巾，腳和嘴並用叼起一片紅蘿蔔吐司，得手後再飛快一躍一跳的跑上矮牆旁，高聳的白千層樹幹上享受著下午茶，這一幕難得實境演出的劇碼讓小美老師和孩子屏氣看完後，兩人對看點頭讚嘆。

小美老師望了望被偷吃的麵包，端回廚房對阿姨說，剛剛松鼠偷吃麵包的精采經過，阿姨說今天松鼠賺到這一整籃點心了。

大自然，是一間開放的教室

在大自然中，有著無窮無盡的老師，牠們或許身型嬌小，但也足以教給孩子或大人珍貴的知識。

就像是在樹上的螞蟻，他們用小小的身體成群結隊的抬著食物屑，推推擠擠向前邁進的過程，人們可以感受到合作無間的力量；百花齊放的花朵，藏著一群辛勤採著花蜜的蜜蜂，斑鳩叼樹枝築巢，慈愛鳥爸爸忙碌的在林間尋找小蟲來餵養雛鳥，讓孩子看到在大自然中，不同主角上演合作、慈愛、勤奮……的畫面，而這些景象在校園中遇見，就像是上了一堂浪漫的自然哲學課。

「有的時候用教的，不比孩子們自己去感受的還要真實。口頭上跟他們說要當一個勤勞的人、對朋友要友善、懂得和他人合作的人，孩子們不一定能理解，言語的形容有時太抽象、太枯燥乏味了！但當生活遇見了自然中的生命，往往能觸動孩子內心的感受和感動，自然環境與孩子互動經驗，孩子打開心靈的學習，能深植內心而且影響非常深遠有力道。」

這所小小的幼兒園有一個開放的環境，室內和室外都一樣精彩有趣，它隨著季節擺動色彩，隨天氣變化明亮，春夏有多樣的小動物、小昆蟲出沒，秋冬有雨水和繽紛的彩虹誕生，自然生態的瞬息萬變，最能引發孩子注意和熱情，學習的契機也在這裡隨時出現。

「人的一生有很多不同的老師，不是說在學校教孩子的才是他的老師，父母也可以算是孩子們的老師；朋友也可以算是孩子們的老師；大自然的小花朵、葉子、動物、昆蟲……當然更可以算是老師。」

幼兒園中的每個角落，都充滿新鮮事等待孩子發現和學習，每個老師都相信開放的園區能帶給孩子們更多奇妙的學習經驗。

「孩子們最容易從大自然裡的植物和動物世界中，學習愛心和觀察力。」園長觀察發現，每個小小孩都知道動物和植物都是有生命力的，但是它們這麼渺小，小小的花朵一不小心就可能在孩子們觸摸的瞬間而失去了生命，躲在草叢裡的蟋蟀一不留神，就可能被孩子的腳踩死。

於是，附幼的每個大人、小孩就像個褓母，隨時隨地保護珍惜這些努力生長的生命，就算不起眼的小花朵，孩子也不隨意的摧毀攀折；松鼠、小鳥、蝴蝶、昆蟲長得可愛討喜，也不能因為「我喜歡、我想要」，就不尊重牠們，把牠們抓起帶回家。

拒養宅小孩

數位科技時代的推進，好處是把大人的生活變得方便又科技，壞處是讓小孩太早接觸電腦或電子遊戲。以前「宅」這個形容詞，多半只會存在成人的世界之中，現在因為電腦太容易觸及，幼童也有宅化的現象。

為了不讓孩子從小變成小宅男、小宅女，老師們經常帶孩子走出教室，坐樹蔭下觀察哪一棵樹的葉子綠了、哪一區的花朵開得特別茂密，有時候一起聽聽樹梢上小鳥的叫聲，也會抬頭遠望藍天白雲的變化……，引導孩子領受自然界裡千變萬化的訊息。

「學齡前的孩子正是對世界充滿好奇心的年紀，而園區的戶外空間，剛好可以滿足他們喜愛探索的需求。追蝴蝶、翻泥洞中的獨角仙、蟋蟀，觀察濕地上蠕動的蚯蚓等，校園角落中這些生物刺激孩子對於生命的好奇求知慾，孩子們的問題有時也會難倒當老師的我們。」

某次孩子追逐蝴蝶中發現蝴蝶的鱗粉掉落，想知道這樣蝴蝶是否能繼續飛的問題，小美老師一時也解答不出這問題，決定請班上同學的爸爸，任職昆蟲系的老師來解答。最後師生一起想辦法解決問題，這問題雖然經過專家解答，但是未能滿足孩子的疑惑，孩子們成立小組進行實驗，自己擬定實驗方法、步驟、工作分配計畫，孩子不怕挫折認真學習態度，顯然已具有科學家求真求實的精神。

書本上的圖鑑雖然把毛毛蟲、鳥蛙、榕樹畫的清清楚楚，照片也十分清晰，但對學齡前的孩子來說，正處於前運思期，若能透過觀察、實際探索、動手操作獲得的知識，會常留腦海中不易消失。

就學習的角度而言，圖片還不如影片，影片還不如真實的動態實物。靜態學習永遠比不上動態的實物刺激，孩子在風、陽光、溫度變化的日常中同步學習，遠遠比看影片、翻翻圖鑑更加有趣。

負責任，從小培養

無論是大自然的戶外教室，還是室內的教室環境，都是為了讓孩子們在日常生活中，去建構自我在環境中的自主性和獨立性。

「我們常常收到家長的提問，他們非常的困惑，自己的孩子為什麼不夠獨立？又為什麼自己的孩子在學校變得很獨立，但在家中卻不會照顧自己，需要有人幫忙善後的情形。」

關於這一個提問，附幼教師認為，那是因為學校的環境比家中的環境豐富太多了，孩子們接觸到校園內的豐富自然環境、同儕間學習社會性人際互動，參與豐富有趣的活動，每天都有新鮮事發生，孩子們忙著交朋友、玩遊戲、吸收新事物、學習新知識，這些都是有別於居家學習氛圍。

就讀附幼的孩子們，孩子們一早到學校後會先快步的進教室放書包，然後再到戶外的遊戲區玩遊樂器材或活動，每天老師會帶著孩子一起進行大、小肌肉體能活動，有時跑步打球、搖呼拉圈、跳繩、吊單槓等，有時則是到戶外騎腳踏車兜兜風。

當孩子們身體都活絡以後，我們會在草地上鋪野餐墊吃早餐，或搬小桌椅靠近大樹下享受餐點，我們喜歡在戶外配著徐徐和風與陽光用餐，在夏季陽光稍微亮眼和炙熱些，不過在這樣的自然環境中用餐，還是比在室內用餐多了趣味。

「對於吃的教育我們也是非常嚴格的，早餐通常是臺大當日的鮮乳。」園長媽媽說，現代的人飲食過度精緻反而對身體不健康，園區所享用的餐點都優先採用當季盛產的蔬果，新鮮有機又天然，只要簡單料理不加過多加工食品的粗食，會給予身體更直接的營養能量，我們希望從小幫孩子養好正確飲食習慣和健康的基礎。

附幼用心營造出天然環境，有高聳的樟樹、欖仁樹、槭樹能遮住酷熱的陽光，讓孩子能在樹蔭下嬉戲；靠近圍牆種植吸引蜜蜂、蝴蝶的蜜源植物。

園區裡還有自己的菜圃，由孩子負責栽種和照顧，菜圃裡面種著臺灣常見的蔬果植物，像是珠蔥、地瓜葉、紫蘇、椪柑、香蕉、木瓜、檸檬、洛神花…等，在孩子細心照顧下，這些果樹長得茂盛強壯，果實累累，最大的功臣是這些活蹦亂跳的孩子們，因為菜園裡的肥料，主要來源是小男生的貢獻。

「多層的植物環境，不止讓園裡變得更漂亮，也讓孩子們有自主學習的動力。像是特別喜歡昆蟲的孩子，他們會自己定時觀察昆蟲生態；喜歡花、樹木的孩子他們也會在那裡遇到蜜蜂與蝴蝶……」

園長媽媽認為，就是因為這樣豐富的多元環境，才能鍛鍊孩子們能獨立自主的品格，動態的生態空間，激起孩子們渴求學習的慾望。

別剝奪孩子學習的機會

曾經有一位幼教老師在報紙上發表一篇文章，文章的內容是在敘述現今幼兒園的孩子失去了自我學習、解決問題的能力。

文章裡面提到了一個小故事：中午的用餐時間，孩子的桌上除了有美味的餐盒以外，還搭配了切成半截但沒有剝皮的香蕉。有部分的孩子吃完午餐以後，很自然地用手剝起香蕉皮享用，有些孩子卻手握著香蕉不知所措。其中有一位孩子，拿了香蕉詢問老師說：「老師，能幫我剝香蕉皮嗎？因為我家的香蕉長的不是這個形狀。」

相信每一個家長讀到這篇文章的時候，都不希望自己的孩子變成這樣，只知道發號司令，不曉得如何解決問題。生活中，有很多時候大人一不小心疼過頭，或因工作忙碌、趕時間沒有等待孩子做，就乾脆幫孩子代勞，就會導致扼殺孩子自己學習技能的機會。

大多數的孩子，在還未踏入臺大附幼園區學習時，所有的大小事幾乎都是父母代勞，收拾餐桌、打掃家裡，甚至連孩子穿衣服、穿鞋子都是。孩子要出門時只要把腳伸出來，爸爸媽媽就會將衣服、襪子輕巧地套到孩子的身上，這些凡事代勞的家長，不僅累了自己也剝奪孩子學習的機會，最後造成的結果，就是像普遍父母提到的孩子不獨立、很依賴的情形。

附幼的小小孩，所有的日常生活基本上都需要自理。當一天的早晨用完早餐以後，孩子要留一些時間自行負責清潔工作，除了擦桌子、擦地板以外，必要的時候還需要拿起掃把、刷子打掃環境。

為什麼要這麼做？擦桌子、擦地板的工作，不是交給幼兒園裡的清掃阿姨工作就好嗎？孩子們應該要進教室學習，這個階段就開始打掃會不會太早？

有些家長聽到自己的孩子要做清掃工作時，剛開始會出現如此反應，畢竟自家的寶貝在家中可是不做這些工作的，一到學校需要擰抹布、擦桌子、掃地，家長一開始都會覺得這樣讓孩子太辛苦了。

「這是培養每一個孩子愛護周圍環境，將環境恢復整齊乾淨是每個人的責任。」小美老師說，不是只有孩子們自己做而已，老師們也會在旁邊協助一起完成工作，這不是要訓練孩子成為非常會打掃的人，而是要從小培養他們對自己、對別人、對環境負責任的態度。

「有很多家長會擔心孩子年紀太小會搞砸事情，所以禁止孩子動手，變成爸媽代勞，但是孩子們其實並沒有開口說他們不會、或者是不能做啊！」小美老師觀察，孩子們會願意主動去整理生活周遭環境，畢竟沒有人喜歡髒亂的感覺，看到垃圾掉在地上，孩子會主動去撿起來，每個孩子都是可以被教育的，只要給孩子機會，放手讓孩子去做他們能力可以完成的事，面對未來的道路，孩子們一定有能力去迎接挑戰。

第三章

有一種能力，看不見摸不著，但是最珍貴

附幼教師團隊認為，知識是可以隨著年紀增長慢慢累積，但是好品格需要從小打好基礎，否則得花更多時間導正，這種「眼睛看不見的能力」，泛指品格教育，如何將品格教育融入課程中，譬如：好奇心、探索力、自我覺察力、樂觀態度和面對問題的勇氣、關懷和同理心……等等。

「一開始我們發現，小孩子不知道如何關懷社區的長輩們，因為他們普遍都八、九十歲了，小孩子看到爺爺奶奶們，直接開心的拉著拄著拐杖的老人家，要邀請爺爺奶奶們一起玩火車過山洞的遊戲，可是大部份的老人家關節都硬化了，不太適合蹲下鑽山洞；也有小孩則是熱情帶著蘋果要分享給爺爺奶奶們，可是較硬，老人家牙口不好咬不動，不適合……」老師們發現，孩子們有各種熱切的關懷行為，但還是少了進一步的觀察思考：被關懷者需要的是什麼？

校門

真正重要的東西，只用眼睛是看不見的

在經典名著《小王子》裡的小王子，從星球旅程中體悟到「真正重要的東西，只用眼睛是看不見的。」生存在這個快速變化的世界，如果只用眼睛看待萬象，恐怕會和很多寶貴的事物擦肩而過。

老師常思考著，在附幼的孩子是否也能在學習旅程中，像小王子一樣，有所感受與體悟！附幼教師團隊認為，知識是可以隨著年紀增長慢慢累積，但是好品格需要從小打好基礎，否則得花更多時間導正，這種「眼睛看不見的能力」，泛指品格教育，對孩子而言，是一輩子都需要擁有的能力。因此，老師在設計課程時，會思考如何將品格教育融入課程中，譬如：好奇心、探索力、自我覺察力、樂觀態度和面對問題的勇氣、關懷和同理心等等。

想想，過去的年代生活環境較現在簡單單純，如今世代環境多變，老師要隨著生活變化及各種轉變，在教學時相對需要花多一點時間，設計規劃合宜的課程來引導孩子們學習領會。

舉例來說：在這幾年，老師觀察到孩子們對於關懷表現較缺乏，平日孩子們得到大人的呵護和關懷，但是在孩子身上卻無法展現對他人的關懷，老師希望孩子能懂得關懷他人也懂得關懷自己。

於是，在課室中，會講述一些以關懷為主題的故事，並和孩子們相互討論，更重要的是聽孩子們分享心中感受，曾經被關懷的日常生活片段，引導孩子認識、發現繼而展現關懷，如果每個孩子都能講出自己被關懷的經驗，表示孩子已理解關懷的意義，故事與生活分享，以及常常對話討論，如此可以更深的了解孩子，幫助老師擬定最適當的教學規劃。

蔡蔡老師記得某一次在課堂上以關懷為主題：有一位小朋友在戶外跑步時，不小心跌倒了因此嚎啕大哭。師生以此為例討論，該如何關懷這位跌倒的小朋友？

小宏：「我會拿水給他喝！」

小律：「快點把他扶起來。」

小昕：「問他要不要幫忙，然後趕快去幫他找老師來……」

在課堂中，同時出現了三種不同的解決提案。當小宏說：我會拿水給他喝後，其他小朋友笑了，小朋友們回應：他跌倒在哭，不要喝水，這樣會嗆到。

老師說：這些答案都沒有對錯，這個跌倒的小朋友，也許需要喝水，也可能需要被扶起來，或者需要老師的協助……但是更適切的關懷又是什麼？在師生討論中，老師期望孩子的，不僅要了解關懷的方法或解決問題方式，而是提醒孩子們，不要只用自己的觀點關心對方，學習轉換到對方的角度思考，了解對方的需要。

附幼的孩子們，要在關懷的課堂中學會兩件事情：一是懂得感謝關愛自己的人，二是學著用對方需要的方式關懷別人。

體驗式的學習

老師進行抽象的「看不見」的品格教育時，會透過具體的練習，讓孩子有真實的體驗。接下來就是讓孩子們實際走出教室，將學習的觸角延伸到社區，運用關懷的好品格，進行一連串學習之旅。

有一年的課程方案，進行寶藏巖社區拜訪，附幼老師們與小小孩到老年社區探索。一方面藉此，觀察孩子們能不能運用課堂上所理解的關懷，用實際的行動給老人家或長輩們鼓勵，另一方面希望老人家或長輩們，能看到這群小小孩子時，激起生命的活力和熱情。

「一開始我們發現，小孩子不知道如何關懷社區的長輩們，因為他們普遍都八、九十歲了，小孩子看到爺爺奶奶們，直接開心的拉著拄著拐杖的老人家，要邀請爺爺奶奶們，一起玩火車過山洞的遊戲，可是大部份的老人家關節都硬化了，不太適合蹲下鑽山洞；也有小孩則是熱情帶著蘋果，要分享給爺爺奶奶們，可是較硬，老人家牙口不好，咬不動，不適合……」老師們發現，孩子們有各種熱切的關懷行為，但還是少了進一步的觀察思考：被關懷者需要的是什麼？

「去社區探索與關懷後，我們針對孩子們拉爺爺奶奶，一起玩遊戲和分享蘋果的事件，來進行討論，孩子們發現：

一、老人家動作比較不靈活，走路需要拿拐杖讓自己穩住，因此要小心不碰觸老人家的枴杖。

二、長輩們因年邁、牙齒退化，大都無法吃脆硬的水果。

孩子都想要幫老人家做事，為了想要多了解爺爺奶奶，於是孩子們訪問負責照顧社區長輩的鄰長，鄰長告訴小朋友，其實雖年老，有能力自己做的時候，要盡量讓他們自己做，這樣才是對他們有幫助，這也才是他們所需要的。

經過這些討論後，幫助孩子們學習站在老人家的立場，瞭解『關懷』是針對對方的需求，而不是依自己所想要給的。」

體驗式教學，能強化刺激孩子換位思考，當孩子們的思考模式逐漸能夠同理後，就能運用在生活之中。在尋常日子裡，孩子們遇到老人家，以往他們或許不太會跟老人家問候或交流，但經過一次次的社區關懷與互動，孩子們漸漸了解爺爺奶奶的需求，進而展現更進一步的關懷行動。

在方案課程進行社區踏查和關懷老人期間，就曾有家長向老師們反應，自己的孩子心智大幅度成長，以前看到家中的爺爺奶奶時，孩子都會蹦蹦跳跳的拉著他們大步走，比較不會顧慮他們走路的速度，但現在孩子們卻會懂得等待他們，知道要小心慢行，注意老人家的步伐速度，保護爺爺奶奶不受傷，家長的回饋，讓我們看見，孩子的行為表現有了明顯的改變！

孩子的學習，由模仿開始

孩子從呱呱墜地那一天開始，學習道路就已經開始了，父母就是孩子第一個遇見的學校，老師則是第二所學校，每個人的價值觀就這樣形塑出來了。

「父母和老師的身教與言教，會影響孩子們成長的樣貌，孩子們小時候學習的火力全開，會透過模仿或複製的方式，學會生活技能或知識。」蔡蔡老師說，大人知道孩子會模仿他人行為，老師則感受到小朋友的模仿力有多強、體驗感就有多敏銳。

藉由社區關懷的課程部分，就能提升孩子的心智和思想，那麼日常生活中小朋友在家中、在學校，跟著大人身後的每分每秒，其實都有機會藉由複製或模仿的學習方式，建構新的價值觀。

因此，無論是家長還是老師，都是和孩子一起成長與學習的，不是只有孩子要學習良好的生活習慣，家長和老師也要共同遵守。

大人和小孩都會犯錯

下午的課程還沒開始，就有幾位小朋友站在教室門旁，像是小老師一樣的叮嚀同學們，進教室前要把鞋子整理好，每個同學聽到小叮嚀，都整齊地拿起自己的鞋子放置到教室旁的鞋櫃之中，接著再緩緩的進到教室準備上課。

眼看就快要到上課時間了，小老師們溫柔地催促同學加快腳步進教室。這時，蔡蔡老師快速的脫下鞋子，隨手讓鞋子脫在教室門旁木板前，後面跟隨進教室的小小孩，也有樣學樣的把鞋子放在教室門旁，就在他們準備踏入教室時，傳來幾句響亮的聲音：

「老師！你的鞋子沒有放到鞋櫃裡！」

「老師！曉安的鞋子也沒有放在鞋櫃裡！」

蔡蔡老師聽到小朋友的叮嚀，快步的往回走，走回教室門口，立刻把自己的鞋子放進鞋櫃，並且一邊提醒曉安，要將鞋子放到鞋櫃中，別跟老師的錯誤示範學習。

在附幼的幼兒園地，偶爾會看到小朋友提醒大人的畫面。最難能可貴的是，老師們經過孩子的提醒後，會在當下立刻校正不對的地方，並且謝謝提醒自己的孩子。

「有許多時候，我們自己也會不小心就暴露了壞習慣，即便是因為忙碌而導致壞習慣的出現，但看在孩子眼中，其實就是不正確的行為。」─蔡蔡老師更加強調，如果當下不小心做了錯誤的舉動，就要立即和孩子道歉並改正，這樣才是好的身教。

這也說明了一個道理：大人若是對自己的品格鬆散，只會更容易促成孩子們的好品格不落實而難以養成習慣。

品格教育，就這樣藏身在每個教室的角落之中，要培養孩子們正確的行為及好習慣，最重要的是大人們自己的榜樣要做好。當孩子們做錯事時，父母與老師都會希望他們能馬上改正，那當大人做錯事時，也應該要立刻調整，大人以身教來影響孩子！

從環境中學好品格

環境，是孩子的第二位老師，透過環境的規劃，使幼兒從生活中感受並實踐好品格，孩子置身於環境中，因而收潛移默化之效。例如：

一、外牆圖書的移動書車

閱讀，是學習品格的好方法，也是跨出品格學習的第一步，環境提供親師、親子以及孩子自主隨時隨地閱讀，專注力也可從此培養。附幼外牆圖書設置移動書車，開放空間不受限制，閱讀完畢會放回原處，好品格由閱讀開始悄悄生根慢慢茁壯。

二、視覺線索，提供孩子自主的學習好品格

附幼重視孩子的體能發展，校園裡提供各式腳踏車、三輪車、滑步車等等，地面上的白線停車格，孩子可觀察依循停車，在遊戲後可將車輛停好，養成盡責的好品格。

三、外掃

附幼校園有許多綠樹植栽，提供孩子自然探索與遊戲運動的學習環境，維護校園整齊，師生會一起外掃維護校園的清潔，藉以尊重並愛護環境。所謂照顧環境的道理，絕對不是自顧自的只整理自己周圍的物品，而是願意對自己走過的道路、觸碰過的物品都能歸位，隨時整頓環境珍惜物品，保有這種良善的心！至於，那些在品格學習較緩慢的孩子們，老師會試著用鼓勵的語氣和他們溝通。

這些孩子在家中特別受疼愛，凡事有大人代勞，通常這一類孩子建構品格的速度較慢，碰到這樣的狀況，老師們會先讓孩子在學校採步驟式的學習，再延伸到家庭中，這樣的品格教育才能真正的落實延續。

附幼的老師都認為，學習品格時是要讚賞孩子們的品格，而不是讚美孩子的成就。簡單來說，就是當小朋友物品使用完畢會放回原處，老師會向孩子們鼓勵說：「小宏，你把物品擺放回原位並且很整齊的放好，你做到盡責」！

品格的養成，比考試成績、電腦技能或語文能力都更加重要，老師很願意用時間和精神去協助孩子建立好品格，具體實做練習，從日常生活各種大小層面做起。

每一堂課，都是品格教育

翻開附幼親子手冊，第一個跨頁是學期的行事曆，第二個跨頁就是目標及特色，其中最重要的部分就是品格教育的學習輪。

六大核心德目，環環相扣的價值觀

品格的建立並不是單一層面的，引導孩子懂得明辨、尊重、關懷等核心價值

臺大附幼品格輪

後，也一併會讓孩子學習到謙卑、珍惜資源、知足等價值，這些價值觀是環環相扣的。

就像是當孩子學習物歸原主時，孩子們不只是練習把東西歸回原位，也是在培養愛惜物品的品性。這就是為什麼附幼的品格教育學習輪，第一輪只有關懷、感恩、尊重、盡責、井然有序、明辨，但是次要德目卻有十八項，因為每一大項中都包含著小項德目。

六個內部核心德目，是幼兒基本學習的品格德目，老師們會選擇幼兒最需學習的品格德目教導；第二輪則是品格次德目，當孩子落實了第一輪的品格德目後，老師們就會引導孩子學習第二輪的次德目。

主要德目和次德目都很重要，可以說是一起學習的，這些品格項目從新生參觀時，園長與老師就會向家長解釋理念，因為孩子的成長，需要幼兒園與家庭結合，家長與學校相同的理念加乘，會讓教養孩子的效果加倍！

附幼還會不定期舉辦老師的親子教養分享或專家專題講座，課堂後也會給予親子作業，除了讓孩子在上課學習收穫，也延伸至家庭，同步養成習慣。

「我們利用日常生活來培養孩子的好品格，所以每一天，孩子其實都在面臨學習自我品格德目的挑戰。」附幼教師團隊認為，一天的學習包含上學的時光，以及放學回家的家庭生活，日常品格的鍛鍊沒有上下學的分別，孩子只有潛移默化、不斷的練習與維持，才能種下品格教育的美好種籽。

關懷，是病痛最好的療癒

文文老師就曾深刻體悟到孩子好品格的展現，那是她在附幼任職的第二年。

那時因為她智齒嚴重發炎，整個牙床像是著火一樣痛得難以說話，園長看到文文老師不舒服的模樣，就趕緊讓她去醫院看醫生，在看牙齒的過程中，醫生很快的就決定要拔除她的智齒。

原本以為拔完智齒後病灶就會消除，但因為麻醉藥褪去的緣故，卻也讓文文老師痛得神情緊繃，回到幼兒園後，她只好先窩在保健室靠著冰敷袋保持鎮定。沒想到就在回到幼兒園區的幾分鐘，她就聽到一陣此起彼落的交談聲：

「老師怎麼了，她還好嗎？」

「小聲一點啦！這樣老師才可以休息。」

「那我們等一下要經過這邊，去上廁所的時候要小聲一點才行！」

文文老師看著這些孩子們探頭細語、躡手躡腳的模樣，不禁莞爾一笑，深深體會品格教育的重要性，因為孩子們擁有良好的品格，不止自己會變得體貼別人能夠感同身受，還會給周圍的人更多的溫暖和力量。

「那一天真的讓我非常感動。以前在課堂上我們教育孩子們要包容他人、要關心別人，但常常會擔心在教學的過程中，孩子會不會聽不懂，畢竟關心、照顧別人的意義比較抽象……直到那時候我接收到孩子們溫暖的關懷，才點醒了我，讓我知道平常的教導孩子們都聽進去了，而且也都自然流露出來。」

文文老師說，被小小孩安慰的感覺非常奇妙，孩子說著支持和鼓勵的話語，會讓身為大人的她感到更有自信和毅力，疼痛也在安慰的話語間融化和療癒。

因為之前這種深刻的經驗，往後孩子們如果有做好自己份內的事，像是尊重他人、關懷需要幫忙的小朋友……她不只是單純的讚美孩子，而是會更仔細的稱讚他們，像是「你做得很棒，把環境照顧得很整潔」、「你今天幫了其他同學的忙，是個有好品格的孩子」等等，用這些更具體的句子，加深孩子們對品格行為的認同度。

或許是這樣的學習環境，附幼的孩子經過一段時間耳濡目染，總是看得到他們，因內心的體會而產生外在的行為改變。

曾經，就有一位附幼學生的阿嬤，主動和老師們分享孫子的改變：

生長在三代同堂大家庭的小青，從小就被家人捧在手心上，當爸爸媽媽都忙碌工作時，小青奶奶總是會花許多時間陪伴著她，因為疼愛太多太滿，也導致小青有點小小姐脾氣。

但奶奶說，自從小青進入附幼就讀以後，性格就變得比較溫順柔和，行為上不僅變得有禮貌，還比以往多了點貼心。

有一天晚上，小青奶奶剛換了新手機，想要趁此多下載 app 使用，卻因為對手機也不算太熟悉，就向小青的媽媽求救，請她幫忙下載。

小青媽媽：「那你的手機密碼是什麼，要下載 app 需要先輸入手機的密碼。」

小青奶奶：「什麼密碼？我不知道耶！」

小青媽媽：「你怎麼會不知道自己的手機密碼呢？這樣就不能下載了。」

小青奶奶：「什麼密碼？就是不知道啊！」

小青媽媽：「沒有手機密碼就不能登入，也不能下載了啦！」

此時奶奶和媽媽兩人瀰漫著緊繃的氣氛，奶奶看著手機，氣沖沖的往房間走去，她走到抽屜前翻找一些手寫筆記，希望能找到手機密碼的資料；這時候小青悄悄的跟在奶奶的背後，她看著奶奶不高興的神情說：「奶奶！妳不高興嗎？你是不是需要人陪？我去客廳找人來陪你。」

從奶奶的房門，到客廳找大人。她看到阿公坐在沙發前看電視、媽媽盤腿在沙發上打電腦、爸爸在講電話……望了一圈，只剩下一歲半的小弟和她。

於是，小青又走進去奶奶的房間，並且搬來一張小椅子坐在奶奶旁邊說：「奶奶！大家都在忙，我來陪你！」

奶奶原本不愉悅的心情，因為小青的貼心關懷和陪伴，很快就消失不見，她也感受到自己的孫女，正在學著成為一個懂得關懷他人、願意陪伴他人的孩子。

小青奶奶隔天很感動的跟老師們分享這個小故事，並謝謝老師們教導小青。

正值童年的孩子，擁有兩塊海綿，一塊藏在腦袋、一塊藏在心裡。腦袋裡的海綿，拼命的吸收這世界的各種知識與邏輯，心裡的那塊海綿，則學習如何給予別人愛與力量，為了讓這兩塊海綿都正向作用，老師和父母的任務就是默默引導孩子，看著他們漸漸成長變得更成熟，日後，孩子們會用自己的方式回饋給老師和家人。

無條件的信賴孩子

心情不好的時候，總有千千百百種理由，而想要讓不開心的情緒排除轉換的唯一方法，只有找到負面情緒的問題所在，面對它，然後陪伴孩子面對並跨越它。

不管是大人還是小孩，都會受負面情緒的干擾，而在這世界上，並沒有專屬能快速擊退負面情緒的秘方，也沒有專門給孩子們清除負面情緒的法寶。

小海班的小雅，幾乎每一天都是由媽媽牽著她的手到附幼園區上學，只是今天不知為什麼，小雅的臉和往常不太一樣，垂頭喪氣，還皺著眉頭。

「我不要上學，我要回家！」

「我要媽媽陪我，我不想去上學！」

「小雅今天不想上學的話，那想去哪裡呢？老師會陪著你。」老師接著和小雅對話，並且用堅定的眼神看著她，小雅好似從那眼神中接收到一個安定的訊息，她緩緩鬆開母親的手，注意力也漸漸的回到老師身上，眼淚雖然沒有停止，不過看得出來心情已經比剛剛平靜許多。

看見小雅的心有所轉變，老師示意讓母親安心離開。她順勢牽起小雅的手，並邀請她一同在校園裡散步，剛開始小雅的淚水依然流個不停，直到散步到第三圈的時候，她臉上的淚水已經乾了，剩下一張不開心的臉龐。

過了幾分鐘，老師慢慢的拉著小雅的手陪著她一起進到教室，並安排小雅到教室的角落坐著休息。一踏入教室，同學們用充滿好奇的小眼睛看著小雅，她緊張地躲到老師身後，原本受到安撫的情緒又再次被挑撥升起。

「我不要理小星，我不要理小星……」小雅嘟起嘴巴、用力跺腳重覆說著。

原來如此，今天小雅所有不想上學的舉動，並不是因為和媽媽分離不捨，而是因為與最好的朋友小星吵架了，才導致不想到學校上課。老師明白了，也讀到小雅的心聲，看見小雅真正不想上學的關鍵之處。接著，老師牽著小雅的手，慢慢的走到小星的面前，小雅左看右看，露出不耐煩的神情，反倒是小星眼睛睜得圓圓大大的看著小雅。「小星跟小雅是好朋友好嗎？要不要說說看為什麼不開心？」小雅仍然不說話……

老師看了小星一眼，小星安慰小雅不要難過，並說，我們一起下課，讓你當公主，也讓你自己決定公主的名字，開心一起玩好不好？小雅點點頭，露出淡淡的微笑！

小星和小雅和好了，但是更開心的是，小雅和小星從這件事件上，看見原諒和包容的展現。平常在幼兒園裡彼此玩耍、一起玩扮演遊戲，不過當孩子之間有些爭執或意見相左時，有時很容易會讓孩子產生負面情緒，所以情緒的處理相對重要。

老師會觀察、等待而後再適當介入，扮演著像推進器一樣的角色，適時的在孩子與同儕互動中，伸手拉孩子一把向前推進，不讓負面的情緒成了孩子互動的絆腳石。

孩子心，海底針？

孩子的友誼世界，大人有時是真的看不懂的；只是這個事實，很難讓身為大人的我們直接承認。

舉例來說，最常發生類似的情境：小夏媽媽為孩子慶生在家裡辦了聚會，邀請幾個好朋友來玩，正當大夥兒都玩得開心的同時，庭庭說要跟小夏借玩具，但是小夏不願意，庭庭就哭了起來，小夏媽媽於是責怪了小夏，庭庭媽媽則協助詢問，小夏為何不願意分享玩具？小夏說：「我正在幫芭比梳頭髮換衣服，等我換好後就可以借庭庭玩。」小夏會表達說明原因，庭庭也願意學習等待。剛才小夏媽媽心急，出言責怪小夏，說她太小氣了。活動結束後，小夏媽媽和小夏分享今天的聚會感想，因為心急而責怪小夏不分享，向小夏道歉，小夏抱抱媽媽，不讓無心的話語，造成親子間存在不良的情緒，要立刻面對處理。

小小孩的感情很柔軟，像是棉花一樣，突如其來的責怪話語對他們而言是利刃，會在心裡留下創傷，而這些創傷會反映在他們的生活之中。

「在小孩世界發生的事情，就試著交給他們自己處理吧！畢竟我們又不可能幫他們過一輩子！」就像小雅曾經無故不上學，其實是因為與同儕間有小爭執沒處理，如果大人能幫助孩子說出心裡的話，面對問題，思考解決，學習傾聽與包容，負面情緒就會消失於無形！

「孩子無法處理時，老師再介入就好。像小雅一直以來都是比較獨立有個性的小女孩，那一次看到她一早就大哭，就知道有一些狀況，一開始詢問發生什麼事情的時候，她也不太想說，所以就用陪伴的方式，師生之間的信任感，有時需要一些時間發酵，急著問小雅只會讓她更不想說。」

老師最初選擇陪伴，一方面是給小雅空間讓她整理自己的思緒，另一方面也是默默觀察讓她不開心的原因是什麼，不隨意猜測孩子的心情，不僅是尊重孩子，也是建立師生之間的信賴之情。

孩子們釋放自己的情緒，會通過笑聲、哭泣、憤怒、發脾氣等方式抒發表達情緒，因此他們感覺到困難與不愉悅時，會直接表現出感受，就算沒有說出原因，行為也會顯示出訊息，用心聆聽孩子的感受，不要先帶著責備、批評或說教，就會給孩子力量，跨越負面情境。

教出好品格的孩子，比教出聰明孩子更重要

想一想，為何先人說「三歲定終生」？三歲的孩子尚牙牙學語渾沌不清，應不是指其在「智育」方面的表現，所以「三歲定終身」，泛指孩子好品格學習與好習慣的養成，顯見品格重於知識的展現。

好品格的養成，是個潛在且內隱的學習，需要透過時間醞釀、日常觀察，典範模仿，實際練習，最後能內化於心，並且外顯在行為表現上，透過做中學與真實體驗，最後能夠潛移默化，達到至真、至善、至美的學習歷程。

所以，品格培養必須從小就要養成，附幼透過日積月累的培養，和日常生活的學習，家庭教育的實踐，以及良好的學習態度，最後期許孩子擁有正確的價值觀，和人與人之間的友好良善，簡言之，好品格雖然無形，卻能外顯於待人，內求於諸己，以善與愛為主軸，隨時間累積，逐漸的外顯擴散，品格雖無形，但是絕對重要。

若是問，具有好品格的孩子與具備聰明的孩子，何者為重？附幼會肯定的說：教出好品格的孩子，比教出聰明的孩子更重要。

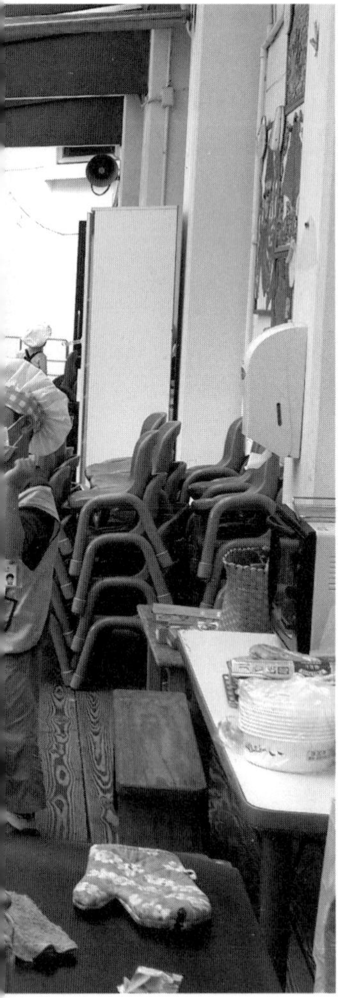

第四章

靠得住的除了自己，還有別人

在課堂中，孩子與老師的討論，彼此激盪出課程的火花亮點，在討論中，讓孩子學習尊重、專注聆聽、思考、勇於表達；孩子與孩子間的小組討論，則為了達成小組目標，孩子必須放下自我，學習溝通、接納別人的意見想法，並從中學習到團隊合作。

走出課室外，家長會因為和老師的閒談，了解孩子的學習狀況、與同儕互動外，對於附幼的文化也有更進一步的認識，拉近親師間的距離形塑出「家」的氛圍；在附幼綠蔭樹下，還有一群人也會把握住在園內的時光彼此閒話家常，他們就是附幼的家長，家長們分享彼此的教養經驗，讓屬於在一個同溫層的他們，可以吸收到這些經驗，然後整合出屬於他們自己為孩子量身訂做的教養方式，而家長間除了孩子教養的分享討論外，家長們也會因為興趣相投而相約登山或露營，進而串起附幼每個家庭間的情誼。

Pizza
大廚房

只要我喜歡，有什麼不可以？

「只要我喜歡，有什麼不可以？」這句話第一次出現，是在一九九〇年時的飲料廣告，當時的女明星在廣告中用叛逆的眼神和堅定的口吻喊出這句話時，彷彿就是有魔咒的口號一般，讓人一聽就忘不掉，至今，這句話仍然不時地出現在年輕人的嘴邊，可見它已經不僅僅是一句廣告金句，也呈現了某些年輕世代的價值觀。

這個世界真的是「只要我喜歡，有什麼不可以」嗎？事實上，成長的過程，是由很多「只要我喜歡，還是不可以」組成的，這些「不可以」，不是錯誤，反而是成長過程中的一些叮嚀，叮嚀一個人必須記得尊重他人、不能凡事先只想到自己，尤其幼兒在進入人生第一個學校：幼兒園時，這樣的考驗更加明顯。

附幼的老師們說，在教學的過程中，每一年幾乎都會遇到以自我中心，像小霸王的小孩，在做任何事情時都秉持著只要我喜歡有什麼不可以的信念，各種奇招都讓老師們哭笑不得。

之前在小企班就讀的露西，就是一個令每個老師都印象深刻的小孩。第一次與露西見面那天，老師都被她混血的外表驚豔，輪廓深邃的精緻臉蛋就像是從童話故事裡跑出來的洋娃娃一樣，當時身為露西班上老師的小慧老師，很開心歡迎她的加入。

只不過上課沒幾天，小慧老師就開始發現露西的個性，雖然外表如洋娃娃一般的溫柔可人，但實際上身體裡面住著一個頑皮的靈魂。

她隨時都電力滿點，好似有用不完的精力，好動又熱愛探索，要她坐下乖乖的聽上課，可不是件容易的事。

「露西完全就是一個只要我喜歡有什麼不可以的孩子，她非常忠於自己，不管什麼時候，露西想做什麼就會做什麼。有的時候我們上課上到一半，露西就會不顧一切的突然跑到教室外面，原因只是看到一隻小鳥或蝴蝶在草地上，問她為什麼會這樣，理由很簡單就是她很好奇，想要去追。」

小慧老師回憶起露西這個孩子，她笑說露西想到甚麼就馬上去做的狀況絕對不是一、兩次而已！活動到一半，她為了追小鳥、蝴蝶是常有的事。露西和其他同學雖然一起參與活動，學習頻率卻和其他孩子不同步。

「活動到一半露西就奔出去的情況太頻繁了，多次和露西溝通，當我問她為什麼要突然跑出教室外時，她會說因為她想這樣做，她喜歡小動物，所以想跟他們玩。」

小慧老師說，這是一個單純到不行的想法，但因為她的理由和意念都這麼單純，所以要和她溝通也不是一件容易的事，只能隨著時間慢慢教導她，在學校中應該要學習適應團體生活及應遵守的紀律。

小慧老師花了一段時間引導後，露西的行為似乎稍微收斂了一些，已經不會突然隨心所欲的跑到教室外面追小鳥、追蝴蝶。但沒想到在一次的美術活動中，又有類似的情況發生。

當教室裡所有的孩子，都正在努力的用白膠粘著小拇指黏黏貼貼創作作品時，露西則是開心的蹦蹦跳跳，然後拿著白膠把兩隻手掌塗滿，在此次的活動，她幾乎什麼都沒做，只完成了一雙黏黏又白白的手掌，小慧老師看著她開心到不行的笑容，忍不住問她為什麼要把雙手塗滿白膠呢？結果，她又再一次的回答：

「因為我喜歡啊！我覺得這樣很好玩。」

「每一次遇到這樣有強烈自我性格的孩子，雖然會感到頭痛，甚至哭笑不得，不過站在孩子的角度思考，又會覺得其實露西只是很單純在用她的方式，探索這個世界。」

小慧老師認為，孩子探索世界的方式有很多種，只是有些方法可以讓人接受、有些方式不能讓人明白。在童年的這段歲月，有自我中心的性格也不算意外，因為他們還不清楚世界運作的規則，看不見別人和彼此的關係。

在還沒找出如何和露西好好溝通的方法之前，小慧老師決定還是先默默觀察，看看露西接下來有哪些行為表現！

這世界，有許多遊戲規則需遵循

午餐時光到了，廚房的阿姨端出香噴噴的米粉和配菜，等著小朋友們坐在小小的椅子上，當所有的孩子們坐好準備用餐的那一刻，露西看到餐桌上掉了幾根米粉。

露西眼睛圓瞪瞪地看著桌上不小心灑出來的米粉條，突然哐啷的一聲，她用力的把碗裡的米粉也都撒在餐桌上，然後用小小的雙手在桌上搓來搓去，整個桌上不但被搓得油膩膩，也打擾到其他小孩子的用餐空間。

小慧老師一看到這樣的狀況，知道露西「只要我喜歡，甚麼都可以做」的精靈又出來了，她將露西抱起離開座位，然後將她帶到安靜的角落，準備和她好好對談。

小慧老師用嚴肅的表情看著露西，然後很努力地告訴露西這樣的行為不僅浪費了食物，更打擾了大家的用餐時光，希望露西能夠了解。小慧老師一樣想要了解露西，為何要如此做的背後的原因是甚麼？

只見露西的臉暗了下來，然後用很小很小的聲音說：「因為我想要炒米粉……」

聽到露西如此出乎意料的答案，小慧老師頓時感到無奈，她是如此有創意但卻不按牌理出牌的小孩，她的回應和行為也讓人不知該哭還是該笑。

「我那時候聽到露西的回答，真的是覺得快要昏倒，告訴她這樣會打擾到其他人、浪費食物這些話語她是否能了解，且只要一想到她可能會一直用『只要我喜歡』或『我想要』的態度繼續長大，就非常的替她擔心。」

小慧老師回憶，到現在都還記得露西委屈的神情，要教育如此有自己想法的孩子，不是要她學會順從指令，而是要引導她「不行」背後的理由，讓她能夠有所理解且接受才是最重要的。

「要這種自我主義強烈的孩子遵守常規，老師和孩子們雙方會形成一種長久的拉鋸戰，老師會消耗很多力氣在禁止孩子們各種行為，孩子們也會不斷的用各種行為挑戰老師。」

「教導孩子並不是軍事教育，除了行為的教育，還要能贏得孩子心理的信任。當孩子們一直用我行我素的方式面對世界時，大人的應對守則是要他了解身處的世界，是有一無形的遊戲規則必須要遵守，不是『只要我喜歡甚麼都可以，我不喜歡甚麼都不行』，以自我為中心的世界。」

有些事情的確是「我喜歡就可以」，有些事情則是「我喜歡但不可以」。當自我主義強烈的孩子逾越了這條隱形的遊戲規則時，大人可以趁此機會告訴他這是不可以的事情。也許不是每次都有用，孩子對於大人語言的領會力有限，多次耐心的溝通總會開始有些化學變化。

別人，就是自己的明鏡

如果這世界只剩一下自己一個人了，將會發生什麼事？

如果所有人的眼中都只看得見自己，世界又會變得什麼模樣？

這個問題無論是問大人或小孩，得到的答案或許不太一樣，但共同的想法是：沒有人喜歡活在一個只剩下自己的世界，擁有的只有無限的寂寞和孤獨而已。

小慧老師也深信露西並不會希望成為一個眼中只有自己的人，所以花了很長一段時間將露西的世界和現實世界重新連結。在小慧老師的帶領下，露西還是很常做她喜歡的事情，只是她也漸漸的開始知道：有些事情，雖然喜歡但是不能這樣做。

一晃眼，露西已經從附幼畢業了。但就在畢業沒多久的時間，小慧老師接到露西媽媽的訊息，露西媽媽匆忙地跑到幼兒園找小慧老師，第一句話就是問老師到底該怎麼教導露西？

露西媽媽慌慌張張地說著自己孩子的狀況，她不知道為什麼露西到小學就讀以後，又開始用「只要我喜歡，有什麼不可以」的方式學習，不管是和新的老師相處、新的同學相處都很不順利，更不能理解，為什麼露西的行為和其他的孩子就是不一樣？

露西種種讓老師和同學無法接受的行為，被貼上了許多負面的標籤，甚至還被學校要求去做鑑定看看露西是否有異常的狀況，鑑定結果出爐，反而是這所小學有史以來最聰明的小孩。

露西媽媽一面心疼露西、一面露出不知道該如何是好的神情向小慧老師訴苦，希望她能告訴自己，究竟該怎麼做才能幫助露西。

「大人或小孩的所言所行背後，都有一個動機，只要知道那個動機是什麼，許多問題的解答自然就會浮出檯面。在附幼的小朋友每個個性都不一樣，雖然大家普遍會有一些相似的地方，但每個人的思考和想法其實都不相同。想要知道為什麼孩子會這樣做，那就要去拆解孩子們背後的行為動機，一旦與他們溝通後，孩子若是感受到被了解、被尊重以後，就會產生歸屬感，才會願意順服。」

在小慧老師眼中，露西不是有問題的孩子，正因為她聰明又忠於自我，所以才會顯得更與眾不同，她鼓勵露西的媽媽多花時間與老師溝通，讓老師了解露西的特質，並思考在目前的學校生活中，如何贏得露西打從心裡對老師的信任，才能引導她走向快樂學習之道。

謝謝別人，照出最真實的自己

創新工廠董事長李開復曾說：「別人眼中的自己，才是真正的自己。」這句話一直影響著小慧老師，她說，第一次聽到這句話的時候，腦海中會跑出很多的疑問，為什麼從別人眼中才能看見真正的自己？真正的自己不是只有自己才知道嗎？

但隨著教學經驗變多、心智變得更成熟以後，小慧老師漸漸領悟這句話真正的意思。「別人就像是自己的一面鏡子，有些舉動自己看不到，但是透過別人這面鏡子卻反射出最真實的樣子。關於那些自己非常不願意承認、沒有看見的缺點，都可以透過這面鏡子顯現出來。在別人這面鏡子裡，我們可以映照出自己的不足，只有正視這些不好的部分，才能有機會改進成長。」

小慧老師形容過去的自己有一些小小姐脾氣。因為她是家中的老么，再加上上面還有幾位哥哥，所以總是受大家的寵愛和照顧，這樣的個性讓她比較容易站在自己的立場想事情，認為別人都需要配合她。

當小慧老師遇到不如己意的事情，雖然不會大力反抗，但多少也會有些不滿，這股不滿也引來身邊的朋友提醒她，需要調整一下自己的脾氣。

剛開始聽到朋友的提醒，小慧老師會不以為然：「我並沒有那個意思，是對方多想了。」隨著歲月磨練，小慧老師覺察自己為何總是不開心，探詢自己內在不開心的原因，並反問自己，事情有哪麼嚴重嗎？細細察覺到自己的缺點，把小小姐的脾氣逐漸磨平。

「我常常覺得附幼是一個大家庭，老師們的關懷和建議都很友善，就算是聽到不太順心的話，但還是可以感受得到他們背後所表達的是一份愛。也因為如此會讓我更想去改變自己！後來我已經不會隨便的把自己的視角套在別人身上，因為我期望別人這樣做，不代表別人就一定要這樣做！」

從他人的互動中覺察自己，是自我校正的方法之一，無論是小小孩露西，還是已經長大成熟的小慧老師，都在與人交流和合作的過程中，看到自身需要調整的部分，面對不完美的自己雖然總會引發情緒為自己辯白，但為了往更好的自己前進，只有勇於改變不完美的自己，才能讓自己更完美！我們不能只活在自己想像的宇宙之中，除了忠於自我，也要學會和各種不同的人共存。

想到自己近年來蛻變的過程，小慧老師感觸很深，她發現身為一個幼兒教育者，最重要的除了是引導孩子往正確的道路走之外，另一點則是老師要學會自省，不只是個人的省思，教師團隊也要一同省思，而她覺得附幼最讓人感動的地方，就是有一群願意一起改變、一起進步的團隊。

誰的聲音，都不能被忽略

俗話說：「一人划槳難開船，眾人划槳開大船。」一生中若能遇上一位願意扶持自己的朋友，應該也算是稀奇珍貴了。然而，老天爺卻讓附幼的老師們一同相聚，從素昧謀面的關係變成如同家庭的團隊，老師們靠著彼此的扶持，不止共同度過了難關，還幫助孩子們與家長往更正確的道路邁進。

討論的文化

是什麼原因讓附幼的團隊感情這麼好？一眨眼十幾年的時間過去了，沒有任何一位老師離開團隊，縱使團隊裡有紛爭或不愉快，仍沒有粉碎老師們彼此建立的團隊情誼，反而感情一日又比一日親，而附幼教師團隊的好名聲也隨時光逐漸遠播。

「主要是我們的團隊很重視討論，因為不希望有誰忽略了誰的聲音，所以只要有發現困難或不太對勁的事情，就會馬上有很多人搶著參與討論，就是因為老師們都有這樣的心，都能很快速的找出解決之道。」

附幼的每位老師認為，這裡根深柢固的討論文化是促使他們團結的原因。討論文化不只侷限於老師和老師之間，他們也重視和孩子以及家長們溝通的過程。

在附幼的團隊中，討論不只是從上而下，或者是從下而上的關係，有時是平行、甚至多方對談，人多絕對不是嘴雜，不同的聲音和意見，總會激發各種絕妙的解決方案。

「就像是園長所說的，我們有八個老師，所以就會有八種天差地別的個性，遇到一件事就可能會有八種意見。」小蘭老師說，因為團隊的人數很多，每天遇到的事情也很多，有些事情並不是自己一個人可以處理的，如果沒經過彼此商量，不夠周延的決定，恐會引來不可收拾的後果。

一件事情如果每位老師都有一個意見就有八種意見，若是其中有幾位老師有二、三種意見，那就衍生出更多的看法。這麼多的意見，又是如何在有限的時間中聚焦並找出最適當的決策呢？

老師們平常的協同帶班教學，就是一個討論達成共識的機會。「我跟每位老師都曾經一起協同帶班，不論是和哪位老師搭配，剛開始都有一段磨合期，這段磨合期也可以說是意見交流，兩者在意見不同的情況中，找出一個彼此都可以接納的結果。」

個性隨和的小蘭老師說，自己是個心情沒什麼特別起伏的人，情緒穩定的她不太計較很多事情，但即使這樣，在和不同的老師配班帶孩子的時候，偶爾情緒還是會被影響，但雙方意見不相同，該說的還是要說清楚，和夥伴討論達成共識才是最重要的。

回憶起和不同老師配班的磨合期，有些記憶讓小蘭老師「又苦又甜」；苦的是摩擦的過程，甜的是最終磨合的結果。

像是第一次和蔡蔡老師配班，就令小蘭老師記憶猶新：「那一年和蔡蔡老師配班，我跟她的個性和做事方法都很不一樣，相較於我，她是個比較拘謹且謹慎的人。」一追求完美的蔡蔡老師，認為所有的事情都需要和配班老師確認，所以向小蘭老師提出建議，希望往後若是有和家長溝通互動的情況都要讓她知道。「非常重要的事情一定會跟蔡蔡老師說，可是有些事情我就覺得根本不需要講。」

個性不同造就對事件的判斷力也不一樣，小蘭老師覺得沒那麼重要的事情，放在蔡蔡老師眼裡卻是特別重要，導致在帶班的過程中有很多摩擦。「有些我認為是小事就沒說，但蔡蔡老師認為沒有告訴她就是不太尊重她，一接收到這些責備和抱怨，我就感到非常難過。」在協同帶班的過程中擦出很多火花，讓還在適應如何和蔡蔡老師們協同的小蘭老師，也感到自我懷疑與挫敗。

協同教學，創造討論文化

在協同帶班所出現的種種衝突，沒有一項是有辦法逃避的，只有彼此不斷的溝通，才能培養默契。無論心情的好與壞都要和配班的老師討論，要將自己的想法傳達出去，所以很極力地討論，而這樣的討論也創造了彼此的共識。

和蔡蔡老師在磨合的過程有甘有苦，但走過來以後小蘭老師抱著無限的感激，和蔡蔡老師協同帶班過程中，讓小蘭老師學習到即便自己認為是小事，還是要能夠告知搭班老師，如此，兩位老師在班級經營上才能和諧圓滿，畢竟這是雙方透過討論達成的共識就應該要遵行。

蔡蔡老師還沒到附幼任職前，在其他學校服務，也沒遇過什麼溝通障礙。過去的教學經驗都是一個人獨自帶一班，不論教學、和孩子相處或和家長互動，也都是一人獨立包辦，而在內部的主要溝通管道，也僅是和園長報告教學狀況。

但來到這裡就不一樣了，與老師協同帶班，也遇到了協同的衝擊，加上自己看不見自己的盲點。協同老師之間，兩者沒有誰上誰下，誰對誰錯，彼此的意見都是平等的，當兩方意見不同時，就要彼此改變，學著接納。每一次和不同的老師搭班，也就會看到自己的不同面向。

在附幼的協同教學中創造了討論文化，引發每一位老師們去思考為什麼他和我想的不一樣？自己真的是對的嗎？如果是錯的？那又是為什麼？可以如何修正呢？

蔡蔡老師發現，在和不同老師配班中學習溝通、尊重與包容，不是只有自己的意見最重要，別人的意見也要傾聽、接納。尤其在情緒當下講出來的話，一不小心就會出口傷人。因此不只是練習表達意見，更要學習把對方的話聽懂，並掌控自己的情緒。

「其實不是只有搭班的過程會有摩擦，連開會的時候也會有爭執。但我們慢慢培養出一個信念，那就是『有話就要說出來』，就像園長提醒的：有話直說、長話短說。」

團隊勝出，英雄淡出

協同合作和討論是附幼獨有的團隊精神，靠著和不同老師配班合作，團隊一起進步，在討論中匯集多方意見達成共識，並將自己急躁的脾氣磨成溫順，把軟弱的磨成堅強。

「我希望每個人的眼裡不會只有自己，因為我們是可以依靠彼此的。」這是園長堅毅的信念。自私的價值觀需要被抹滅，因為現今已進入一個「團隊勝出，英雄淡出」的年代，不只要相信自己，還要信任自己身邊的夥伴。

學校裡的定心丸

早期幼兒園內的大型活動，主要都是由園長規劃，家長會的主辦者、規劃者、主持人都是她身兼數職的角色，老師們則是負責上台報告班級事務和課程規劃。

舉辦大型的活動，最困難的就是平衡，細節繁瑣的部分特別多，總是讓人忙得焦頭爛額、不知所措。但隨著附幼團隊的默契漸漸茁壯，園長也開始把手邊的關鍵任務逐漸交棒出去，階段性的放手讓各位老師輪流成為各種活動的負責人，有些老師甚至需要扛起總幹事、副幹事的責任。

「早期的家長會主要都是我在帶，後來就是各一半，我帶一半老師們協助另一半，到了近年來，都是老師們全權負責，我只要參加就好。」過去和現在的角色互換，以前都是園長到處叮嚀每一位老師要負責什麼，現在變成老師們主動跑過來跟園長說，需要在活動中負責的項目。

園長說：「當討論的文化深入人心後，就能賦予老師們更重大的任務，因為彼此會互相討論與監督。」

或許有人會認為，把這麼大的任務交給從沒舉辦過活動的人，會不會是一種冒險？但園長認為，每個人都有第一次，只要有願意做好的心，還有願意協助的團隊，辦大活動、小活動都不是難事。多餘的憂慮反而會內耗，把事情交付出去，從旁協助，不但可以刺激大家的團隊意識，又可以激發老師們的自信心。果然，當一項項任務分別落在老師們肩上時，老師們只有拋開不可能三個字，把所有的難題迎刃而解。

園長看著忙前忙後的老師們，感到無限的驕傲和感動，就算領導人換人擔任，但是一起想把任務達成的心，依然在團體間熊熊燃燒著。

「我常常會給老師們一個訊息，我告訴他們我的角色其實是一個支持者、支援者，我是來幫助大家的，而不是高高在上的管理大家。所以如果老師們的班上有遇到什麼緊急狀況，都可以找我協助。譬如說有遇上人手不足需要幫忙的地方，又或者是老師有什麼緊急私人狀況需要支援，我都會趕快挺身而出，這是我的責任。」

機動性十足的園長，就像是教師團隊中的後援大隊長，來不及解決的事、難以解決的事，找園長媽媽就能獲得幫助。

之前就有發生孩子因為剛到幼兒園，還不適應整個大環境，情緒特別的緊張，一不小心就尿濕褲子的事件。那時導師們正在進行團體的分組課程，沒辦法緊急替孩子處理，就拜託園長媽媽前來協助，園長立刻趕快帶著孩子到廁所整理儀容，還安撫孩子給他勇氣。

「不管大型還是小型的活動，老師們都需要投入在幕後，我也會想盡辦法的協助老師們。」園長認為支持是隨時隨地的，不只是老師們請求協助，她也應該主動伸出援手。

不只在課務上的分工支援，園長也十分注意老師們的各種狀況，一發現老師有不對勁兒，她就會馬上給予關懷和實質的幫助，這也是讓附幼教師每個人最感謝園長的地方。

有一段時間，小慧老師因為準備結婚的事情顯得很焦躁，結婚的各種疑難雜症、再加上幼兒園事務的忙碌，種種壓力在她的心中養成了心魔，壓力一大，小慧老師的理智就被心魔吞噬，那時的她甚至想在婚姻上劃下休止符。

「結婚是一大難題，複雜得要命，不僅要喬雙方家長的意見還要喬和先生的意見……但就在我準備放棄的時刻，園長媽媽送了我一本書，裡面還夾著一張手寫的字條：『婚姻就像是兩個人拖一個旅行箱，裡面裝著滿滿的幸福和辛苦，但是一定要一起拖到最後，若是有一個人放手了，就會重得拖不動。』」

小慧老師說園長就是這個大家庭的大家長，像媽媽一樣給予大家溫暖的依靠。

那時的她因為籌備婚事感到挫敗，但就因為園長媽媽的紙條，讓她重新思考婚姻對她而言的意義，難道就要這樣輕易地放棄嗎？努力了這麼久，是不是應該再給自己一次機會？

「後來，我再一次的想起平常團隊內，培養出來的那種堅毅的精神，遇到問題不應該只有逃避也有解決的辦法！」園長的紙條像是解藥一樣，讓小慧老師的心魔消失，也讓她重新整頓心情再次出發。

自信的光劍

原本以為解決各種籌備婚事的難題後，婚後就會一路順遂，但是婚後的日子卻是小慧的第二個人生挑戰，懷孕一開始不正常的出血，又再度讓她陷入低潮。然而，生命應該是在被祝福的環境下誕生，把擔心的力氣拿去尋找該如何讓生命健康長大，才是一個母親的責任。

「小小的生命會被期待與祝福，讓自己換個角度思考，與其消極面對倒不如應該要找出原因，讓小生命可以平安長大。」園長看著工作無精打采、精神微弱的小慧老師，用堅毅的口吻提醒她，記得要為孩子努力，不要為了還沒發生的事情擔憂沮喪。

懷孕的過程對小慧老師而言，就像是在闖關一樣，平撫了心情，接下來則是面對身體上的不適。初期的孕吐在她身上反應並不明顯，反倒是莫名的四肢痠痛。

有一次校外教學結束後，小慧老師忽然四肢痠痛到難以忍耐，當天下午只好向園長請假休息。

「園長媽媽那時非常體諒我的狀況，她觀察我身體有異樣，還把一些原本我該負責的工作逐一排開。我的肚子也一天比一天還大，有一次我就開玩笑說，側躺的時候肚子好像快要掉下來。」

小慧老師說，沒想到自己這麼一開玩笑，隔天園長就快速的上網訂購了一個孕婦專用側躺的抱枕，讓她可以在睡覺時舒服一些，園長溫暖的心意和行動都讓她受寵若驚。

懷孕的後期，小慧老師走路的步伐不再輕快，胎兒的重量壓得她走一段時間就會喘個不停，三七五〇公克的寶寶重量，壓得她行動時就像毛毛蟲一樣，身體的不舒服最終讓她向園長請假休息。

休息一陣子後，小慧老師接到園長的電話，她用清脆響亮的聲音說：「小慧，你來上半天班，待在家裡都不動會對孕婦不好、也對小孩不好，要動，至少要來上半天班，在學校走一走才健康！」

接到電話的小慧老師很開心，雖然要扛著大肚子走來走去會加重身體負擔，不過這就是最甜蜜的負荷吧！畢竟能一邊和如家人的同事工作，一邊期待新生命的誕生，是一件甜蜜的事。

心中有他人，這種光芒可以穿透任何黑暗的銅牆鐵壁；心中無他人，即使你身邊有再多的光芒，最終也會被黑暗所吞噬。

園長不時的關懷傳染了整個附幼團隊，最貼身的關懷、最堅強的支援，即使黑暗來臨，每個人也擁有自信的光劍，能斬斷黑暗。

附幼的「討論文化」

為孩子搭鷹架，是為了幫助孩子順利進入成長的下一階段，那麼在團隊中，為團隊搭鷹架則是為了達成共識，解決問題達成目標；討論文化就是附幼團隊的鷹架，透過討論每位老師都可以表達出自己的觀點、說出自己的感受，在討論的過程中，老師們不斷闡述自己的想法時，無形中也在為事件或活動，理出頭緒，架構堆疊出各種的可能性，讓原本以為「無以為繼」的事件，看到一絲曙光找到解決的方法，或是讓活動的規劃更趨完備；有時，老師間彼此的對話，也會是一種心靈上的療癒，也因為如此打開每位老師的心房，彼此互相尊重、互相接納、互相加油打氣、有時甚至互相吐槽，讓大家的情感歷久彌新。

在課堂中，孩子與老師的討論，彼此激盪出課程的火花亮點，在討論中，讓孩子學習尊重、專注聆聽、思考、勇於表達；孩子與孩子間的小組討論，則為了達成小組目標，孩子必須放下自我，學習溝通、接納別人的意見想法，並從中學習到團隊合作。

走出課室外，家長會因為和老師的閒談，了解孩子的學習狀況、與同儕互動外，對於附幼的文化也有更進一步的認識，拉近親師間的距離，形塑出「家」的氛圍；在附幼綠蔭樹下，還有一群人也會把握住在園內的時光彼此閒話家常，他們就是附幼的家長，家長們分享彼此的教養經驗，讓屬於在一個同溫層的他們，可以吸收到這些經驗，然後整合出屬於他們自己為孩子量身訂做的教養方式，而家長間除了孩子教養的分享討論外，家長們也會因為興趣相投而相約登山或露營，進而串起附幼每個家庭間的情誼。

最終孩子在附幼的時間總是短暫，孩子畢業離開後，不代表各家情誼就此斷訊，拜電腦社群網路的發達，透過FB社群，家長、孩子與老師間的討論、對話、情誼，將會繼續延伸到未來。

第五章

先要懂得怎麼玩耍，才懂得學習

「寶藏巖？是不是這裡有很多的寶藏啊？」

「那裡是不是有很多的鹽巴？因為叫寶藏鹽！」

老師看著孩子們一言一語的熱情討論，知道孩子對寶藏巖已經產生興趣，經過老師調查後，寶藏巖有豐富的人文與歷史文化。於是，在教學會議中提出成為課程主題的構想，全園老師們達成共識後，決定進行寶藏巖課程。

「探索寶藏巖」方案課程進入中後半段時，因為孩子經過多次踏察寶藏巖之後有很多的想法，想深入調查，老師建議每位小朋友將他們想要調查的主題、內容、計畫畫下來。老師們將孩子的計畫統整出八個調查組別：昆蟲、植物、寺廟、塗鴉、社區關懷、藝術、種植、歷史斷面，讓小小孩根據自己計畫內容，能主動積極探究，遇到問題能克服困難解決的學習，目的是讓他們學會懂得為自己的選擇負責。

小山坡上的第一堂歷史課

西印度群島大學，曾經為了想知道如何支持孩子們通往成功，到牙買加首都京斯敦做了一個調查實驗。因為特別想知道如何幫助生活在窮困的孩子，所以研究小組也選在較為貧困的社區作這一項研究。

在研究過程中，研究人員把家庭窮困的一百二十九個幼兒分成兩組。第一組的孩子，每一周都會有專業的訓練師來到家裡教家長如何和孩子們玩耍，他們會鼓勵孩子的父母花更多的時間和孩子相處，不管是閱讀、繪畫、唱歌，而專業的訓練師就是教父母如何在玩耍的過程裡，漸漸的搭起孩子和父母的親密橋樑。

第二組的孩子，則是每週都會收到一公斤的補充營養劑，這些補充劑是為了讓孩子們擁有充足的體力健康成長，至於在家長教育這一塊，在第二組的研究中並沒有什麼特別的行動。

這一項研究大約進行了兩年，但在兩年後研究者仍然後續追蹤孩子們成長的各種變化。研究的結果證明，孩子們生活成長的過程裡，並不是增加營養劑就可以，第一組的孩子因為和家長有很親密的玩耍和互動，讓孩子們整個童年的時期，都有完整的成長，父母每天都花一些時間陪伴孩子，讓他們的IQ或EQ自我控制行為都表現的很穩定，甚至到他們長大工作後，收入都比另一組還要的來得多。

這個結果驗證了一個道理，那就是在孩子的童年世界裡，玩耍是最重要的成長養分。

大玩特玩的重要性

是的，就是玩。玩耍實在是一件輕鬆又愉快的事，然而，對已經被社會操練已久的大人來說，玩耍就像是一個從外太空丟進腦袋的新詞彙。但在附幼中，玩卻是最有利孩子成長的教學祕訣。

「我們會去想、會去設計怎麼樣的課程能吸引孩子，而且能引發孩子更多的潛能，整個團隊會去規劃有樂趣的方案教學課程，用創意和新鮮的活動內容，和孩子一邊學習、一邊玩。」大玩特玩已經變成是附幼的教學宗旨之一，因為在課程中，遊戲是讓孩子自己尋求答案的最佳途徑。

也因此，通常幼兒園開學的第一周，老師們請孩子分享暑假生活，先聽孩子們在暑假期間玩了什麼？

小光就和大家分享著全家去寶藏巖的經驗，或許是行程太精彩、也可能是名字取得太詩情畫意，結果引起一群孩子們的好奇。

「寶藏巖？是不是這裡有很多的寶藏啊？」

「那裡是不是有很多的鹽巴？因為叫寶藏鹽……」

其他孩子聽到小語和佳佳的提問，都認真地附和說：「對啊！對啊！因為有鹽巴！」、「還有很多很多的寶藏！」，在一陣鬧哄哄的討論聲中，小光先是愣了一下，接下來才緩緩的回應大家說：「不是鹽巴、也不是寶藏，那裡只是離學校很近的一個地方」。

沒想到小光的回答，並沒有降低班上同學的好奇心，一聽到離學校很近這五個字，其他孩子們眼睛都睜得大大的，有幾個孩子忍不住開口問老師說：「那我們可以去看看嗎？」、「很近的話，老師能夠帶我們去嗎？」

老師看著孩子們一言一語的熱情討論，知道孩子對寶藏巖已經產生興趣，經過老師調查後，寶藏巖有豐富的人文與歷史文化。於是，在教學會議中提出成為課程主題的構想，全園老師們達成共識後，決定進行寶藏巖課程。

寶藏巖社區其實就在台北公館商圈旁的小山坡，也是學校附近的一個社區，步行的話大概走個二十分鐘左右就會抵達。有點坡度的地形，能鍛鍊小小孩的體力和耐力，社區裡有蓊蓊鬱鬱的綠蔭，而較低矮的坡下有新店溪流過，隱身在這座矮山之中，每一個景色都已經經歷一百多年的變遷，特別能吸引孩子們的眼球。

寶藏巖的課程，就在有點檸檬色的夏天展開！炎熱的氣候，老師們帶著一群小小探險家往小山前進，一路上看著小山裡的豐富生態景色，另一方面望著和繁華都市中不一樣的建築面貌。被小菜園圍繞的房子、上了年紀的爺爺奶奶、一間間微型的小藝術工作室……，建築物像用樂高積木排列組合，這些日常不曾看見的景象，在小小孩每一次的校外教學後，都有一些意想不到的收獲和發現。

我們走進社區裡探索寶藏巖的歷史故事，而這些景物和故事引發孩子對這裡的好奇：

「這裡的建築長得跟我們家不太一樣嗎？」

「每一階的樓梯有高有低！」

「牆壁的顏色是灰灰的……」

「路是很窄而且彎彎曲曲！」

「房子小小暗暗的！有的裡面有臭臭味道！」

這些都是孩子探索後的想法，有觀察到不一樣的地方，才有機會接納世界各種不一樣的面貌。

每一次孩子探索寶藏巖社區時，第一個映入眼簾的就是寶藏巖寺。第一眼看到寶藏巖寺的時候，孩子被廟宇的建築特色和陳設文物所吸引，他們觀察寺廟建築有許多與一般住家不一樣的地方，不止好奇心大開，用眼球逛了一圈以後，軒軒和小銘終於忍不住大聲提出疑問：「為什麼要有神明啊？住在裡面的是什麼神明？大家拜神明是想要幹嘛？」

「有好多的燈在牆壁，屋頂也有龍，牆壁上的畫又是什麼？」

這問題問得太快、太細、太專業，讓老師們一下子也不知道該怎麼回答才正確，於是，他們決定請廟裡的住持慢慢說明。

「這裡面拜的是觀世音菩薩，屋頂上屋脊兩端是燕尾、龍柱，天花板有藻井，門口有石獅子、神明、牆壁上有雕刻和彩繪圖案，代表民間信仰傳說的故事……」

廟裡的住持用專業的術語和故事把孩子們的疑問一一解答，有些詞彙聽起來太難太艱深，不過孩子們卻也有耐心地聽完，遇見聽不懂的詞彙，就大聲的再次重覆提問。

「面對孩子們的疑問，老師們竊喜孩子已開始關心生活中的社區環境。而寶藏巖的文化與歷史，就讓孩子親自拜訪當地居民，來解答孩子心中的疑問。」

在過往的經驗中，每一次的方案教學，都是孩子與老師一起共構一起學習成長。

也因為是孩子有興趣的課程，由幼兒主導課程發展，且提供家長參與的機會，所以能使孩子獲得最佳的學習經驗。

方案教學的秘密

來來回回的探勘寶藏巖整體環境，孩子們眼中不再只注意著綠意盎然的樹、蜿蜒的小徑，他們能領會的事情更多了！「探索寶藏巖」方案課程進入中後半段時，因為孩子經過多次探勘寶藏巖之後有很多的想法，想深入調查，老師建議每位小朋友將他們想要調查的主題、內容、計畫畫下來。老師們將孩子的計畫統整出八個調查組別：昆蟲、植物、寺廟、塗鴉、社區關懷、藝術、種植、歷史斷面，讓小小孩根據自己計畫內容，能主動積極探究，遇到問題能克服困難解決的學習，目的是讓他們學會懂得為自己的選擇負責。

真實的畫面，就是最好的教育

「老師！有種臭臭的味道，房子好黑而且好暗，裡面全部都堆滿東西，根本不能走路了，臭臭的又髒髒的！有人住在裡面嗎？是老爺爺嗎？」小可和同一組的幾個小朋友調查居民的房子時，發現屋簷底下的陰影，呈現的是一個拾荒老人的生活故事。

孩子們尚未長大，很難三言兩語的交代世界上有各式各樣的生活樣貌。在同樣的時空中，有些人正品嚐著幸福的滋味，有些人則是含著苦澀度過時光。

雖然無法立刻告訴他們世界的殘酷與現實，但老師們認為，眼前的畫面就是最好的教育題材。人生百態、真實的社會景色，在勾起孩子們好奇心的同時，也有機會啟發孩子們的同理心。

探索寶藏巖的方案，有一部分的意義在此。就是要讓小小孩親自接觸世界的真實，從小就開始培養一顆關懷的心，珍惜自己資源，懂得感恩並且願意接受這些人生的多樣。

面對小可的大膽提問，寶藏巖的鄰長絞盡腦汁試著用簡單的句子回答：「這裡會有一些味道，是因為這裡有幾戶的房子中住著老奶奶、老爺爺，他們被大家稱為獨居的老人。他們年紀已經大了、沒有力氣整理家中的環境，所以房子才會看起來亂亂的、髒髒的。」

「什麼是獨居老人？」

「就是沒有家人同住、自己過日子的老人。」

同一組的小小孩積極提問後了解，無論這些老奶奶、老爺爺平常做什麼、住什麼樣的房子，都要尊重這些奶奶與爺爺的生活方式，關懷這些年紀大的長輩，是否有需要協助的地方。

感謝生命中的擦肩而過

寶藏巖的社區居民普遍都有一些年紀，頭髮斑白的爺爺和奶奶隨意的在這座小山坡走動，他們的身影承載著時光故事，還有一些歲月的痕跡。

探訪寶藏巖的路途上，孩子們通常會看到不同的長輩們。走在蜿蜒的小巷弄和高低不一的房子中，總是會有一位老爺爺，站在自家的陽台上觀望著附幼的孩子們。

每一次見到這位老爺爺時，他通常會穿著黑色洗舊的上衣，兩眼發直的望著附幼的孩子與老師，他不發一語眼神遙望遠方，沒有人知道爺爺心底想著什麼。當孩子們遠遠的看著他時，孩子們會精神抖擻地說：「爺爺好，爺爺好！」不過爺爺卻沒有回應，僅是一動也不動的默默看著穿梭在社區的孩子。

對於這位爺爺，其實不止是孩子們好奇，連老師們也對他感到疑惑。好幾次和擦身而過的爺爺打招呼，他卻不理人，於是，他們替爺爺取了一個小名叫做「站衛兵爺爺」，因為他端正的站姿，就像是中正紀念堂站衛兵的士兵。

寶藏巖鄰長說：「他因為年紀大有重聽，所以聽不見孩子的招呼聲，在高高陽台上遠望，是思念他在遠方的故鄉。」還有一位種菜婆婆，這位婆婆是在菜園中與孩子相遇認識的，好幾次路過菜園，都會遇見這位帶著笑容、和藹可親的婆婆，前幾次只是靜靜的看著菜園裡的景色，終於有次小小孩忍不住看著菜園發問：

「婆婆！這裡好多菜是妳種的嗎？它是什麼菜？可以吃嗎？」

「對啊！這些都是我們種的，有地瓜、冬瓜、小白菜……要澆水、施肥，菜才會長得又肥又美。」

畢竟不是第一次見到附幼孩子探查寶藏巖，婆婆跟孩子們打了招呼，然後開始很熱情的介紹園中的蔬菜和名稱。孩子好奇長在樹上的一顆顆長長的果實是什麼？她笑著解釋，這是因為冬瓜的藤攀沿到樹幹上，樹上才會長冬瓜。婆婆把來到此地的小朋友們，當作自己的孫子愛護，不僅耐著性子說著蔬菜的名字與特性、種植的小祕訣，更拿出辛苦栽種的花生一顆顆細心的剝殼，然後炒給孩子們品嚐。

寶藏巖就像是一座故事山，聚集了很多個性不同、生活不同的人們，在孩子們東看西瞧的旅程中，有些人雖然猶如是過客，有些人或許只有幾面之緣，不過所有的相遇都異常珍貴，深深的烙印在孩子們的心中，這些全是旅程中珍貴的寶物。

「方案教學」是一個有意義、有深度能讓每個孩子的想法實現的教學，似乎也娓娓道出了附幼孩子們熱愛上學的原因。平時的日常教育，補充著小小孩的基本知識和禮儀，而深度的教學，則讓每個孩子們鍛鍊研究力和思考力。

探索寶藏巖，讓孩子們看見生命的各種面貌之外，更身體力行的學會懂得回饋和幫助別人。

小視角，也能捕捉大世界

說起寶藏巖，也許每個台北人都略知一二，有些人知道那裡是一個離都市很近的郊區、有聽說過那裡是一個藝術家聚集的微型社區……不過，若是問起大眾寶藏巖的歷史和最大的特色，應該也會讓不少人感到困惑。

我們對自己生長的這片土地知道的事情還不夠多，前人是如何耕耘上個世代的這段歷史，不見得人人了解，然而，最大的幸運是不夠明白上個世代發生什麼事的我們，卻依然能享受得到這片美麗的土地。

小小孩鳥瞰寶藏巖

不知道這一次是第幾次探訪寶藏巖，尋著前幾回的經驗，繞繞小徑、和熟識的長輩們打招呼、看著周邊的綠蔭……忽然之間，有一群孩子站在寶藏巖的地圖前凝視很久，看著孩子們站在地圖板前佇立許久，老師聽到幾個小小的聲音指著牆上地圖板說：

「這裡是寺廟；這裡附近有很多亂亂的房子，然後這邊是蓋在山坡上的樓梯……」

「然後這一片都是綠綠種菜區；這個是站衛兵爺爺住的地方，我們也有去過！」

「很臭、很臭的地方是在這裡嗎？我知道這裡是塗鴉牆，還有這邊可以打籃球；也有很大很大的草坪在這裡……」

「我們也想畫一塊這種地圖，如果我們去過好玩和有趣的地方變成地圖，畫出來掛在學校裡，讓沒來過的爸爸媽媽看。」

他們彼此熱絡的討論著自己看到的景象，還共同思考著該如何完成這樣的圖。老師們看著孩子們閃閃發亮的眼神，決定這一次探訪結束後，要好好的向孩子們說明「地圖」是什麼！

孩子們實在太好奇地圖究竟是如何畫出來的，老師透過多媒體科技 google map，在螢幕放大寶藏巖地區，鳥瞰寶藏巖。

孩子們從天空中俯視寶藏巖的過程，讓他們興奮不已。幼兒園裡的孩子像是海綿般汲取知識，不斷地拋出想法和疑惑，整間教室討論聲此起彼落熱鬧滾滾，孩子舉手發問的過程和老師回答問題的過程，就像一來一往的快速接拋球，有一個穩定卻快速的節奏。

大家熱烈的討論與回饋後，孩子們逐漸釐清寶藏巖各區景物的空間位置，孩子不只決定地圖上的區域位置，還把在那裡發生的經歷用故事方式說得一清二楚。少部分模模糊糊不夠明確的地標和景色，孩子們也主動的提出再去寶藏巖走一遍，好好的確認方位。

孩子因事先討論位置圖的內容，再加上已經來過寶藏巖許多次的經驗，他們很自然的可以自主穿梭在社區巷弄中，小小孩們的手上抓著一台數位相機，遇到覺得需要記錄的景色，就會主動按下相機鈕蒐集相關資料。

回到幼兒園時，孩子們一一的把照片放在銀幕上討論，加強每個人的空間概念，老師協助把一些重點區塊的圖片製成教具，讓孩子一次一次地操作教具，加深對寶藏巖地圖空間位置的概念。

孩子們的寶藏巖大地圖

孩子們有了對空間及方位的概念以後，更有自信能繪畫出寶藏巖社區的大地圖！他們心中的大地圖要非常的大，孩子們比手畫腳的比出一個大方框後，就在教室美勞角拿出一張大白紙，然後畫出寶藏巖各區域位置圖！

面對大白紙的孩子，臉上展露著無比的興奮，這個重大任務讓他們又開心又期待，有些孩子的身體裡面就像是有小小建築師的靈魂、有的孩子們則變身為一個說故事大師、有的孩子們是小小畫家！

第一份設計草圖，他們畫出寶藏巖觀音亭寺廟與荷花池，以馬路作為區隔，他們拉出歪歪扭扭的線條，把寺廟畫得藝術，荷花池強化了整體空間上下對襯的概念。分享時，孩子們覺得有些景物畫得太大、有些則畫得太小，經過討論修正以後，決定要把景物平均都畫得大一些。

第二次的設計草圖很快出爐了，社區雜亂的房子是令大家印象深刻的景色，三角形屋頂和長方形的屋身讓畫面變得可愛，高高低低錯落的房子群體，小小孩說這就是寶藏巖社區樣貌。

不止如此，寶藏巖知名的歷史斷面景色，也被孩子們加在大地圖之中。不同時期修建的房子剖面，各種地磚、木板、磚塊……這些爭相訴說時代變遷軌跡的畫面，一一的印在孩子的腦海中，大人不必千言萬語的說盡，小小孩似乎早已了解其中的一些秘密。

或許是這次的寶藏巖方案課程，給孩子們猶如太陽的喜悅感，第二次設計草圖中，除了社區房子、綠綠的菜園、歷史斷面……居然還增添了六顆太陽，孩子覺得與生活中的經驗不同，所以重新修正草圖，僅留下一顆太陽就好。

整體畫面再觀察一下，好像仍然少了什麼！原來是社區裡樓梯外的塗鴉，老師們引導孩子們加強這些細部，讓這份大地圖中的社區擁有了更多更豐沛的生命力！草圖完成以後，接著和同學分工合作把草圖慢慢的塗上色彩，最後讓這張大地圖美麗誕生！看起來好像是大功告成了，但是小小孩們不夠滿意，前面幾個月探訪的故事太精彩，全都塞在他們的腦袋中，這份地圖只有景色，卻沒有人，這是他們認為這張大地圖不完美的地方。

「老師，可是這份地圖裡面沒有人，可以把人也畫上去嗎？」

「老師，這個地圖拿起來容易破，且我們想放在教室外面，讓爸爸、媽媽和別人都看到！」

「放外面，萬一下雨就會淋濕！」

孩子們說得頭頭是道，這也是他們的想法與擔心的地方，最後我們一起解決人物和被淋濕容易破的問題。寶藏巖大地圖加上了可愛的居民和孩子互動的故事，及改變材質用塑膠布繪製成大地圖，讓這大地圖變得精彩和堅固。

畫著畫著，大地圖裡的居民比原本探索寶藏巖時更加豐富了！孩子們發現原本住在寶藏巖中的爺爺奶奶都穿著舊衣衫，他們的臉雖然有些嚴肅，實際上卻是親切可人。

孩子們熱情地替他們「大改造」，站衛兵爺爺變成頭頂著爆炸頭的爺爺；種菜的婆婆變成烤餅乾的阿姨，而蜿蜒交錯相間的房子、荷花池、菜園大樹上的冬瓜、石牆壁小巷弄間的貓、狗與地上的鳥大便……全都化成大地圖景色中的一部分，小小孩的繪畫天份無限延展，這是一份虛實整合的創意地圖，有滿滿的愛、還有滿滿的創意。

從外星降落的小小藝術家

創意的大地圖終於快要完成，看到熱騰騰剛出爐的繽紛地圖，孩子們熱情的說，希望能讓寶藏巖的老爺爺、老奶奶，知道孩子們愛寶藏巖，也了解寶藏巖社區中的故事。

一座能任意移動的寶藏巖寺

孩子們帶著一顆興奮難耐的心，以及得意的創作來到了寶藏巖，他們向居民們展開這一份大地圖，並且指著地圖開始滔滔不絕的介紹著各種精彩故事，當然，有很多故事都是孩子們對寶藏巖有濃厚的情感所改編的：

「烤餅乾的老奶奶，把烤好的餅乾和蛋糕，送給爆炸頭老爺爺，爺爺吃得很開心！」

「有一隻貓咪站在塗鴉牆上，看著這裡的居民。」

「有人走到種植區去看荷花，然後在旁邊摘了一顆大冬瓜。」

每個居民都被孩子們的話語逗得笑呵呵，從沒想過會有一天，自己將成為別人作品中的重要角色。

站衛兵爺爺看著地圖中的自己變成爆炸頭爺爺時，竟然也不以為意，反而感到特別的高興，笑起來後臉上的皺紋變得更加明顯，孩子們看到爺爺的笑容，也露出牙齒回饋。

站衛兵爺爺說自己姓胡，他操著流利的湖南鄉音，用渾厚的腔調說起自己的當兵往事，一開口，就像子彈發射一樣，說個沒停。

孩子們聽著胡爺爺說話，小腦袋瓜東轉西轉的看來看去，他們交頭接耳的交換訊息說：

「我覺得他是外國人。」

「我也覺得！」

「對啊……這個是菲律賓的人說的話。」

小小孩認真地討論胡爺爺的語言，雖然沒有人真的完全聽得懂，不過他們有禮貌的聆聽胡爺爺把話說完。

孩子們的出現，軟化了這個社區原本僵硬的部分。寶藏巖因為經濟大環境的變化，讓年輕人口幾乎外移，只留下來戀舊這片土地的年紀大的居民，卻因為這群孩子的造訪變得生氣勃勃。

附幼的寶藏巖方案教學，不止小小孩上了一堂寶貴的課程，連寶藏巖的老居民們都收獲滿滿。

「其實胡爺爺平時的個性就是不太喜歡與人互動，基本上他不常走出屋外。然而，隨著小朋友的到來，爺爺就開始有些轉變，一開始他只是不發一語站在陽台上遠望，但現在一看到孩子們出入，就會開心的揮手向大家打招呼！也願意走出家門到共食區，與大家話家常。」寶藏巖的鄰長感動的說出自己觀察到的景象。這次的方案教學讓大家體會到，世界上沒有絕對的陌生人，那些看似微不足道的相遇，反而能抵達最美的遠方。

另外一組的孩子們，因為在探索的過程中，不斷的被寶藏巖寺廟的文化和外貌吸引，於是決心要建構了一座大型的寶藏巖寺。

一開始老師們都不太有把握能將這座廟「蓋好」，不過孩子們可是對自己信心滿滿。與孩子們討論的過程中，老師提出疑問，孩子們不但沒被這些難題困住，反而從中學習分工合作和解決問題能力。果然，這群「從外星降落的創意家」把不可能變得可能！

「我希望能夠製作一個寶藏巖寺，搬到附幼這裡面，然後邀請爸爸媽媽、其他小朋友及寶藏巖社區的鄰長和爺爺奶奶來參觀。」小軒認真的說著這個計劃的目標，其他孩子們也紛紛鼓掌通過決議，於是，建構一座移動的寶藏巖寺廟開始！孩子們將先前探索寶藏巖學習到的寺廟構造，包含屋頂燕尾和廟前龍柱都畫好。製作燕尾時，孩子們用小小的手掌模擬出如鳥一般的尾巴；接著再用馬賽克貼出繽紛的龍柱，整個過程異常安靜，每個小小工匠都專注的把手邊的工作完成，每個環節都不馬虎。

整個創作的素材，都是運用多元素材和資源再利用的材料創作，每一個步驟，小小孩都盡力的去想該如何善用資源，展現環保；最後，一座美輪美奐寶藏巖寺就這樣誕生了。

「我們製作的寶藏巖寺廟，是用鐵絲固定，不會倒，有燕尾、屋頂、龍柱及牆壁。中間的神明，我們用劉備布袋戲偶替代，大家可以來拜拜！」小崧得意的向居民說明，每一個人向前仔細端倪這一座新寶藏巖寺，讚歎這組小小建築師的高執行力。

及時伸出援手的夥伴

每一次的方案教學，其實都有深度的規劃。以「探索寶藏巖」的方案教學為例，其實是結合著幼兒、社區、家長、教師等眾多資源彼此互相配合，才能讓這個龐大又有趣的課程完美落幕。

幼兒園裡的小小孩是方案中的主角，也是主要的課程探索者，用孩子的視野去探索與觀察各種現象，用動手操作的方式體驗學習，遇到問題會去思考並提出解決辦法，就是附幼方案教學的最大宗旨。

方案教學有時一個班級進行，有時透過跨班合作方式彼此交流，碰撞出更多火花，這種交流，可以說是同時考驗著老師們的默契與專業。園長說，有時候跨班合作，難免會有很多問題需要解決，而每個合作學習，只會讓老師們共同協作的情誼越來越濃。附幼團隊的感情，就是靠著工作上的忙碌交織而成，距離靠得很近，不止一個人的優缺點看得一清二楚，連臉上的自信和快樂也一覽無遺。

附幼後援大隊的家長們，也都是出盡全力的協助。為了增加課程的豐富度，附幼老師邀請家長們一起參與孩子的學習，因為每個家長都有他自己專長，並俱備豐厚的專業知識，像是從事自然植物、昆蟲、鳥類或建築的家長們，就能擔任專家解說員的角色，向小小孩解釋自然的風貌和建築的由來。

藉由專業家長們的口中一一說明，小小孩們和老師都一起上了好幾堂專業課程。

家長也是老師們的好幫手，有需要現場照相、製作道具的重要時刻，他們從未缺席；而方案教學需要帶孩子們深度探索的時候，家長也會當起各組的小老師，帶領大家學習。

「附幼的家長們也是我們團隊的一份子，當孩子或老師們有需要協助的時候，他們都會自告奮勇的站台。」園長不停地感謝有這些家長的幫忙，願意及時伸出援手的人都是最可貴的夥伴。

方案教學，靠這樣團結協作而完美達成。看著孩子們堅強的長大、家長們感動的付出、教師們全心全意的教導，附幼始終秉持的信念：那就是要讓孩子們在玩樂中學習。

世界很大很有趣，懂得玩，就懂得生活。

寶藏巖方案課程：培養孩子自主學習的能力

在寶藏巖方案課程中，老師所扮演的角色如同一個隱形的推手，先是幼兒的引導者、傾聽者、觀察者、記錄者、分析者。更相信孩子有自主學習的能力，將課程發展的權利，放手交給孩子。

老師為了增加課程的豐富性，整合家長的多元專業知識，善用家長資源，當各組孩子所調查的內容遇到專業性的問題，老師會協助引入專業的家長進入課堂為孩子授課，並轉換家長的專業術語讓孩子理解。

後來，孩子與爺爺奶奶的互動中，聽到他們都沒上過幼兒園，便主動向老師提出安排爺爺奶奶——來附幼上學的想法，並開始著手規劃爺爺奶奶上幼兒園的課程內容。當天孩子當起解說員介紹園區的環境，戶外遊具設施，還帶領爺爺奶奶進入到班級，講故事給他們聽，大家一起玩玩具，也在娃娃家玩扮演的遊戲，逗得爺爺奶奶們非常開心。

這項活動不僅讓孩子學習到如何做個稱職的主人，更是圓了爺爺奶奶上幼兒園的夢。

老師讓孩子們知道，因他們付出小小的力量，能帶給長輩大大的關懷。

第六章

給孩子自己完成一件事的權力

孩子們玩布時，小宗拉著滑溜布套住小肚子然後喊著火車來了，鏘鏘鏘鏘！小杜往前開，不久三個、五個小小孩接在小杜後面，孩子們嚷著：火車來了！火車來了！一塊布就變成一台火車了。「這是孩子們的遊戲方式。他們用自己想像力和布結合，然後創造了不同的遊戲方式。在小孩子的心裡面，這就是一台布火車啊！所以他們覺得有趣、好玩。」

遊戲的過程之中，除了怎麼玩，怎麼玩得安全快樂、還有思考力、如何與人合作，遇到問題時如何解決，這些都是學習的內涵。

表面上看起來只是學習縫紉的技巧或認識布料，但卻隱藏著許多學習驚艷，其實，方案教學最寶貴的地方，就在於這是一門融入各種生活教育、品格教育，同時包含團隊合作、共同解決問題，所以孩子在其中也自然學會專注、懂得珍惜萬物的態度和觀念。

臺大附

真心想要，孩子會自己開口

天下的父母都像是一只容器，孩子像是沒有形體的水。如果爸爸媽媽是杯子，孩子就像是一杯清水，如果父母是無邊的海岸，孩子就像是廣大的海洋。

在還沒當父母前，爸爸媽媽早就已經翻遍育兒書，上面說著要包容孩子、領導孩子，但等到孩子真的誕生之後，有些爸媽會納悶，為什麼和書上講的不一樣？

從附幼畢業的家長，就算孩子們都已長大，不論是讀了小學還是上了國中，還是會不時的回到附幼這個大家庭，有的媽媽臉上充滿驕傲的笑容，滔滔不絕地說著自己孩子變得堅強又勇敢；有的媽媽則是臉上掛了一抹憂愁，聲音低沈的向老師與園長媽媽探問帶孩子的良方。

但教育孩子可不是一個直直上升的曲線，有時一瞬間就墜到低谷，有時又突然間垂直攀升。

孩子已經從附幼畢業超過十年的葵花油媽媽，一有空就會帶孩子到幼兒園裡找園長媽媽和老師，對她來說，這裡是孩子成長的花園，也是奠定孩子品格的學堂。

「我家三個小孩都是從附幼畢業，前前後後加起來大有十年，雖然日子就這樣咻一下子就過去了，孩子們也都逐漸長大，不過在她們還小，去附幼上學的日子，我到現在都還印象很深刻。」葵花油媽媽和三個小寶貝：小葵、小花、小油，每隔一段時間，就會抽空回附幼，一回來就先抱抱老師、還有園長媽媽，把這裡當成自己的娘家一樣。

除了是因為自家的孩子們都在這裡學習成長之外，還有另一個理由是她打從心裡真心的喜愛這個幼兒園、也信任在園裡工作的每一位老師。

「這裡是一個遇到困難就可以和大家分享的地方，不論是自己的孩子面臨挑戰、還是生活上有什麼課題，只要願意說出口，大家都會想辦法一起解決，甚至獲得更多解答。」

葵花油媽媽說，在這裡不會覺得自己一個人孤軍奮鬥，每當說出問題後，老師們會給出很適當的解決辦法，在老師們打氣和鼓舞之下，肩膀上那些重擔都變得輕盈，事情也隨著自己的意念轉向和行動，問題就迎刃而解了，彷彿任督二脈被打通，凡事都能搞定。

孩子的成長，不會總是一路順遂

的確，誰家的孩子在成長的歲月中沒有遭遇難題？遇到孩子挫敗時，園長媽媽和老師們總會在家長的身後伸出援手，家長的難題就變得可以化解而不是無解。「這裡的支援，讓我單純的相信，凡事皆可由孩子學習自己解決。」葵花油媽媽感動的說，因為和小葵渡過困難學習的關卡，反而更懂得如何和自己的孩子溝通。

多數的家長都希望自己的孩子贏在起跑點，期待著自己的孩子是那個班上最優秀、最聰明的代表。當孩子從幼兒園畢業以後，就迫不及待的將孩子往安親班送，小小孩或許還沒搞清楚自己對什麼領域有興趣，就已經被安排上各種才藝班、補習英文。

偶爾給孩子安排一到兩個課程，讓孩子們試試水溫，勇敢闖蕩學習世界，這當然是不會造成太大的負擔。但若是想盡辦法塞滿孩子的空閒時間，一不小心孩子就會消化不良。

在許多家長和補習班老師眼裡，這算是所謂的「孩童潛能開發」，不過在孩子眼中這究竟是負擔還是樂趣，看起來是還得花一段時間觀察。

葵花油媽媽也曾經送小葵去雲門律動、去上打擊樂課……，把小葵的時間塞得滿滿滿。一開始葵花油媽媽是為了讓孩子接觸各種不同的領域，但沒想到過多的課程也變成實質的負擔。

「我就像很多媽媽一樣，願意花錢讓自己的孩子學各種課程，可是後來我發現，除非小孩真的有興趣，孩子自己開口說想要學什麼，我才會讓她去上課，這樣也才不會剝奪她學習的權利。」葵花油媽媽說，把孩子的時間塞到喘不過氣，不知道究竟是折磨孩子還是折磨父母，應該要保持孩子對事情的好奇心，這樣才能保持孩子的學習自主權。

葵花油媽媽在教育老大小葵的過程中，不斷的累積育兒經驗。剛開始會參考別的家長建議，並將這些建議套在自己的孩子身上，可是往往都不一定真的有效果，到頭來，遇到狀況還是問老師最準。

雖然是自己的孩子，但關於孩子的成長情況，幼兒園的老師們真的比爸媽都還清楚。「我還記得我們老二小花，她小的時候很喜歡塗鴉，後來想想每個孩子都喜歡畫圖啊，所以小花愛畫圖也沒什麼大不了的。」

媽媽說，發現小花有繪畫天份是比較後來的事。附幼的繪畫啟蒙，都會讓小朋友在色彩中創作，孩子們畫完的作品都會佈置在教室外面給大家欣賞。

剛開始媽媽也沒特別察覺到她有這項天賦，但園裡的老師們在眾多孩子作品中，發現小花在畫畫表現上具有獨特性，因此鼓勵媽媽多培養小花這項能力。有一次，媽媽來園區接小花的時候，碰到某位家長跑來詢問小花是在哪裡學畫圖的，剛開始媽媽還一愣一愣的想說什麼畫畫？小花並沒有學畫畫呀！受到家長讚後，媽媽更意識到自己的孩子好像有繪畫天賦。

「所以很感謝園裡老師的繪畫啟蒙、引導、讚賞和肯定，不然小花的天賦也許就會埋沒或消逝。」葵花油媽媽回想那是小花大班時候的事。

媽媽後來四處打聽，找了一間適合小花的美術班，讓她開始學習，過不了多久，小花在小學一年級的時候，就拿了台北市美術比賽的金牌獎。然而得獎並不是媽媽對小花在繪畫表現上的最終目標，而是發現孩子對繪畫的興趣，讓孩子做喜歡的事，不僅樂在其中，也讓優勢能力得以展現。

把人做好，就會把事做對

當孩子從幼兒園畢業以後，讀了國小、國中，學習的環境就不斷的起化學變化。在課堂上老師主要教的是課本上的知識，對於如何交朋友、如何面對挫折……孩子們必須自行摸索，當摸索不出個所以然，就會慌張向家長求救。

孩子要適應外在環境的變動，需要的是一顆堅強的心臟，這也是在品格教育下鍛鍊出來的。

「我本身就是一個非常重視品格教育的人。關於孩子會不會念書、會不會做人，相較之下，我更重視的是孩子會不會做人。」葵花油媽媽說，當初就是親眼目睹附幼扎實的品格教育，才決定要讓孩子進這所幼兒園讀書。

十年前，葵花油媽媽和普遍幼童的母親一樣，為了替孩子選一個好的幼兒園而東勘查、西打聽，深怕一不小心就與理想的幼兒園擦肩而過。當時在台大醫院上班的她聽了同事介紹附幼，就決定前往一探究竟。

趁著早上上班較不匆忙的空檔，前往附幼，一進校門口，老師站在校門邊和小小孩打招呼，小朋友有禮貌的說老師好、園長媽媽早安……

教導孩子如何做人

葵花油媽媽在一旁觀察著矮矮小小的孩子們，進入校園後有禮貌的跟老師打招呼問候，其中有一位孩子揉著眼睛一副沒睡醒的樣子，緩緩地從校門口穿越，忘記抬頭和老師說早安，老師先主動打招呼後，然後提醒著孩子，孩子聽到老師提醒也張開眼睛跟老師說：老師早安。

「我一看到早晨老師和孩子們的互動，就覺得非常有趣！覺得他們對教育這件事情很用心，而且是很落實在生活中。那時候就覺得這和我心裡想要的幼兒教育理念是相同的。」葵花油媽媽說，大概就是從那時開始就對附幼留下了很好的印象。

在很多人眼中或許會覺得打招呼是一件微不足道的小事，有沒有打招呼也許不太重要。畢竟大人都會忘了打招呼，小孩忘記好像也沒什麼關係。然而，附幼卻認為好品格是建立生活中的小細節，打招呼的習慣就是在培養孩子良好的生活態度，如果孩子耍賴、偷懶、忘記這些禮節，就得重新再學習一遍。

葵花油媽媽說自己的女兒在就讀附幼時就學會自己洗碗、做家事、打掃整理自己的環境，這些都是因為在這裡上學的緣故。

「我想到在幼兒園有值日生的規則，每個孩子都能按照師生共同討論的班規把份內工作做好，可是家裡因為沒有這樣的規定，所以孩子好像就有理由不把事情做完。既然如此，我就延續這個值日生模式，在家裡跟小孩子講今天換你做值日生唷，孩子就會把環境整理好，就好像在學校一樣。」

媽媽說這樣的規則很明確，而且孩子們會運用在幼兒園學習到的技能，並且乖乖地落實在每天的日常生活當中。

就因為這裡的教育非常重視這些生活小細節，老師和園長都有一股要把孩子教到會的信念，所以在跟孩子溝通和互動的過程從不嫌麻煩，如果孩子一、兩次做不好，他們也願意花十次、二十次示範給孩子看，讓孩子學習。所以孩子們知道不只是把事情做完，而是把事情做好。

「小葵小的時候，幾乎每天下課回家後，我都會聽到她滔滔不絕的告訴我，今天發生什麼事，講個沒停，而且細節都說得很清楚，我會知道她今天在學校看了哪一本故事書、大聲唱了什麼歌曲、自己完成了什麼事情，或是幫忙某個孩子穿襪子……」讓親子間零距離。

葵花油媽媽說，她喜歡小葵蹦蹦跳跳說自己的世界發生什麼事，她也很享受小葵成長的過程，最感動的是小葵小的時候就培養一顆懂得慈悲、願意幫助別人的心。這一切都始於園長和老師們的用心。

不能半途而廢的方案課程

附幼每一年的方案教學主題都不同，從第一屆方案教學至今，幾乎很少有重複的主題。方案教學會隨著孩子的興趣和需求，考量每一屆孩子不同的特質或社會趨勢的變化，而提供不同的方案課程。

方案課程就是一座大山，孩子們從山腳到山峰的每個過程都會經過考驗，第一關可能是培養體力，第二關可能是訓練敏捷度，第三關則可能是開發新技能，老師們帶著孩子攀爬這座大山，然後一邊引導孩子共同開創方案課程，另一邊也不忘提醒著品格教育的重要。孩子們提升各種層面的成長，從增強體格、生活知識、思考力、表達力和解決問題的能力。這些複雜又細緻的課程設計，讓孩子們學得目不轉睛。

「我觀察方案課程最有趣也最具挑戰的地方，在於每一次的課程主題，都是經過老師與孩子們共同腦力激盪、討論、對話而產出。老師們也研究這個主題能帶給小朋友什麼學習，縱使中間遇到了困難，也鼓勵孩子一起完成。」葵花油媽媽說，這樣的教學模式很特別，不只老師要耗費功夫，孩子們也要努力完成。

有些方案看起來很簡單，但執行過程也沒想像的那麼容易。像是某一學期的課程主題是「布」的方案，讓這麼小的孩子拿針縫紉，這似乎存在著一點危險性和難度，葵花油媽媽一看到就覺得很新奇。

許多的孩子到了國小畢業、國中畢業都不太會縫紉技巧。實在是很難想像小小孩拿針一上一下縫布的那個畫面，所以家長都很期待方案課程，會給孩子什麼樣的刺激。

布的方案課程，當然不是一開始就草率的讓小朋友拿針！老師們先從安全教育教起，並且先用簡單的方式讓孩子們懂得點、線、面之間的關係。

起初，孩子透過福祿貝爾的手工恩物-縫工，從縫直線的平針縫開始。紙上印著幾條短短的虛線，孩子們需要照線縫。老師們示範了平針縫後，這樣上上下下的穿針線過程，激起每個小小孩的挑戰學習慾望。

不過，一當小手握上針和紙的時候，有幾個孩子們的眼睛馬上變成輕微鬥雞眼。老師們完美漂亮的平針縫，在孩子的手上都變成「捲捲縫」，看起來像是毛球又像是毛毛蟲！是的，挑戰失敗，就得再重來一次。

原本蹦蹦跳跳的孩子們，為了要達成平針縫的任務，也都能安靜下來專注的一針一線縫，雖然前幾次，蒐集了一大堆毛毛蟲和毛毛球，不過最後，大家都能用針縫出直線的平針縫作品，專注力也顯著提升了！

大課程裡面，隱藏著小課程

一〇五學年度方案教學課程主題「布布驚新」，也是以布作為教學主要素材，不過卻和先前布的方案有許多不同。

在小鹿班的課程中，老師們先試著帶領孩子探索「布」，老師先在教室裡擺放很多不同的布料和布成品，讓孩子探索、玩弄與覺察。常見小孩把布往身上一披變成披肩，然後綁上一條可愛小緞帶，變成一件衣服。其他孩子們興奮的玩著布，像小超人一樣跑來跑去，就這樣玩了許久。

老師接著問布能做什麼？可以變成什麼？可以怎麼玩？孩子們從一問一答變成熱烈回應。

「布，可以變成一個布偶。」

「還可以用來演戲。」

「布能做成圍兜兜。」

從小小孩口中蒐集來的答案，除了布偶、圍兜兜，布還能做成布包、布腰帶、布書、被子等等，彷彿整個世界都可以用布創造出來。這樣的刺激讓孩子建構堆疊出各種想法和創意，這也是課程中最大的價值。

從課堂上培養生活經驗

有很多家長總會向老師們詢問自己的孩子有什麼特質，而在課堂上孩子們的回答和參與過程，這些都是老師收集與爸媽互動的內容。

玲玲老師說，孩子們口中的答案不是隨便回應，有些看似天馬行空，也都是經過思考、想像或彼此激盪而產出的，老師不評斷孩子的想法，才能體會到孩子們腦袋中想的是東西什麼。

老師和孩子們討論後，孩子靈光一閃，回想起家中那些要丟掉的舊衣舊褲，若能做一些改變，這些舊衣舊褲就會產生新面貌。小真說：「我做好以後，要像模特兒一樣走伸展台。」說完馬上起身有模有樣的走了幾個台步。這美好的圖像也激勵其他小朋友們加入，成立舊衣改造組。他們帶來家中二手衣褲，思考自己的衣褲可以如何剪裁縫製出新物件，接著他們把這些想法畫在記錄本上成為設計圖，之後開始裁剪、縫合或在上面黏貼花邊、鈕扣、珠珠、亮片。

小蒂最喜歡的動物是恐龍，於是從家裡帶來一件淺藍色格子布的吊帶褲，還有幾張修剪好的恐龍貼圖，裁剪、黏貼、縫合完成恐龍包包。小萱帶來一件牛仔褲，她把褲管剪掉一節，再把剪下來的褲管捲成管狀縫合變成包包的肩帶，變成牛仔包包。

用曾經喜愛的舊衣褲來做包包，點燃孩子們創作的慾望，這當中還要不斷想像發揮設計能力，最後將舊衣褲改造出新生命並能使用，真是一舉多得。

孩子的創意玩法

下課時兩三位孩子們跑來問蔡蔡老師，我們可以拿布出去外面玩嗎？老師回答：可以呀！孩子們高興的拿了一塊長長的布跑出教室外，此時老師也好奇的跟出去看，結果發現木板上一條長長的布，布下凸起一個個圓圓的頭和小小身軀在木板上往前蠕動著，原來孩子們跪著排隊，一個接著一個躲在布下遊戲，雖然沒有喊口令，可是卻能步調一致的往前移動，孩子們回答老師：我們是毛毛蟲啦！

呵呵呵！大家一邊笑一邊往前蠕動著。

這兩三位玩布變成毛毛蟲的孩子們，跟老師說他們這組想要用布來玩遊戲。同時也有一些小朋友跟著加入這組玩布小組。

孩子們玩布時，小杜拉著滑溜布套住小肚子然後喊著火車來了，鏘鏘鏘鏘！小杜往前開，不久三個、五個小小孩接在小杜後面，孩子們嚷著：火車來了！火車來了！一塊布就變成一台火車了。

這樣的玩法，吸引來更多小孩，他們再跟老師要了一塊滑溜布，變成兩台火車繞著教室竄來竄去，蔡蔡老師馬上坐上鋼琴椅，配合彈出火車快飛歌曲，小孩們在琴聲助興下，口裡馬上跟唱火車快飛、火車快飛、穿過高山、越過小溪⋯，時而快時而慢，孩子們的開車速度也能配合音樂速度或快或慢，兩群孩子配合歌曲，唱著、玩著、笑著，各個樂開懷。

「這是孩子們的遊戲方式。他們用自己想像力和布結合，然後創造了不同的遊戲方式。在小孩子的心裡面，這就是一台布火車啊！所以他們覺得有趣、好玩。」——

猜拳，也是一種解決方法

遊戲的過程之中，除了怎麼玩，怎麼玩得安全快樂、還有思考力、如何與人合作，遇到問題時如何解決，這些都是學習的內涵。

在附幼學習的孩子們每個人都有發聲權，只要觀察到有狀況，或者是找到一個新的可行的方法，老師們都願意給予機會嘗試，在很多次的教學現場中，因孩子們的想法或建議，反而替課程展開了更寬的視窗。

光是一塊布，附幼的師生們一起想一起玩、創造出許多新穎的遊戲方式。其實這當中隱藏著啟發孩子觀察力和培養生活能力，一層又一層的課程堆疊，也讓孩子們學得更加充實。

孩子在操作的過程中學習解決問題的能力，小朋友對於「完成作品」這件事，是非常有目標性的，而大班小朋友縫工也有不同的課程面向。

大海班有一位在海洋所工作的義工家長，常常到園區裡和孩子們說故事，教導孩子們認識一系列海洋世界的動物。所以在進行布的方案教學時，老師問孩子們想用布做些什麼，許多小朋友異口同聲的說想要做海洋動物。

「我們尊重孩子們的意見，他們有意願想做，才會讓方案教學變得更有意義。只是，我們也觀察到這一班的孩子，在團隊合作、互相幫忙這部分的能力比較薄弱，所以在規劃課程時，表面上看起來只是帶領孩子們做一個大型的創作作品，實際上背後的教學動機，是要孩子們學習彼此合作協同的重要性。」

為了讓孩子們真切的體悟到合作的重要性，在布布驚新的方案課程中，老師和孩子們共同決定要以分組縫紉製作大型的海洋動物。

在幽藍的海水中，海洋動物就像是精靈一樣既夢幻又神秘，孩子雖然無法輕易觸碰到海底動物，但在這堂方案課程中，孩子可以和同儕藉由邊看圖、邊討論的方式，了解更多海中世界的秘密。

初期的課程光決定各組要做什麼動物，就花了不少時間。孩子熱愛海洋動物的心，就像一團熱火無法澆熄。每一組的孩子心中都有自己想要做的動物，有的孩子想要做一隻鯨魚，有的孩子則想要做一隻海豚……教室裡亂哄哄的，孩子們一來一往的在組內說著自己想做的海洋動物，誰也不讓誰。果然，就如秀秀老師所想的一樣，孩子們的個人意見會讓合作卡關。「一組就只能決定做一隻海底動物，不管是鯨魚、鯊魚、小丑魚……你們要想辦法和同組的小朋友討論要做什麼呀！」秀秀老師提醒了每一個孩子。

適當的提醒，解決了孩子們僵持不下的局面，各組紛紛開始尋找一個能公平公正的解決方案。

「我們這一組要用猜拳的方式決定要做的動物，只要猜拳贏的人就可以決定！」

「我們這一組是要聽年紀最大的小朋友來做決定。」

「因為大家第一名喜歡的動物都不一樣，但第二名大家喜歡的都是鯊魚，所以我們最後決定就做第二名的鯊魚。」

秀秀老師專注的觀察著每一組小朋友決定的過程，不插手替孩子選擇，因為她知道這是孩子們必須磨合的歷程。

「這次的教學重點是要他們學會合作，所以孩子們彼此溝通討論的過程，是學習合作的第一步。很棒的是，孩子們沒有用本能哭鬧的反應去解決問題，而是用一個同組孩子都能接受的方式。」

秀秀老師說，學會了第一次平等的溝通，就要繼續第二次、第三次的溝通。一開始孩子們先決定要做什麼動物，接下來就要開始思考製作的海洋動物要用什麼布料、什麼顏色？

雙方為了布料、為了顏色僵持不下的時候，小組中的一個孩子提出不然用猜拳決定、又有人說不然用投票決定……合作教育就這樣悄悄的開始。

尊重和自己不一樣的人

而最大的溝通課題，其實是在開始執行縫紉大型海洋動物的過程，因為小朋友們得兩、三人共同作業，幾個人負責把布拿好，其他的人則負責把動物的外形縫紉完畢，剩下的人則需要觀察有沒有把位置縫對等等。

擅長縫紉的人就做縫紉的工作，能把布料拿穩的就負責拿布，小小孩也得在團體中互相觀察，才知道哪一個工作適合哪一位夥伴！

某一次，秀秀老師班上一位叫小禹的孩子，就讓同組的孩子很不知所措。跟小禹同組的大元，不管怎麼跟小禹說要做哪部分的工作，小禹都靜不下來，也幫不上忙，無法和小禹溝通的大元，跑來向秀秀老師求救。

秀秀老師聽了大元和小禹的溝通過程，發現小禹無法執行任務的原因在於，大元的指令說得不夠清楚，以至於縫紉進度停滯。「因為小禹是自閉症的孩子，溝通內容必須結構化、具體化，一旦指令說得不夠明確，對他來說就像沒有溝通一樣。」

秀秀老師說，在教育的本質上，不應該特別為孩子貼標籤分類，因為特殊的孩子和普通的孩子一樣，在未來依然會遇到雷同的狀況，學習和不同個性的人工作、一起達成任務，是重要的一課，而這也是團體合作教育的重要關鍵。

秀秀老師試著引導大元把指令說得清楚，要大元和小禹說，他負責縫紉的部分是要從頭的上方縫到頭的下方。小禹這一次聽懂了，他立刻拿起針，彷彿掉入寧靜的宇宙，他安靜又專注的用針線穿著布，每個縫針和縫針之間的距離都一樣，縫紉作業完成後，老師和同學一看都驚嘆不已！

「分配工作也是這堂課很精彩的地方，課堂上會看到一組同時有兩個孩子自告奮勇說要縫眼睛，但是不可能兩個都同時做這件事，那就又要停下來彼此討論，誰負責眼睛、誰負責尾巴。」

有的組別在分工合作的溝通過程，都用同一種方式解決問題，譬如說都是用猜拳的方式，但有的組別則是每一次解決方式都不一樣，非常有趣。

無論是什麼解決方式，孩子們認同就是最好的方法！在每堂課結束之前的小組分享，每組的孩子們都會上台細細說著自己的作品，還有在方案過程中遇到的種種困難、解決辦法。

在這個時候，那些一直重複用同樣方式溝通的組別，就能藉由別人的經驗分享，來看見自己其實還有其他的解決方法。等下次遇到需要協商時，就可以使用其他的方式面對問題，而老師們也不需要特意插手告訴孩子們該怎麼做才對，因為他們都能在其他的孩子身上學到正確的應對方式。

為了讓家長同步了解孩子們的成長進度，附幼的老師們也會在課堂中錄製影片，並將影片傳給家長觀賞。有些家長看著這些短片後，高興的和老師與園長道謝，因為他們真實的看見自己的孩子正漸漸地學著和人相處，學會將心比心。

有一位歐媽媽還向附幼的園長和老師們回饋說，自己的孩子襪子破了一個洞，原本想要幫他拿去丟掉，沒想到孩子居然悄悄地把破洞的襪子撿回來，然後一針一針的把洞縫補起來！歐媽媽笑說，自己都不一定能把扣子、襪子補得漂亮，但這麼小的孩子卻自己完成了這件事。

表面上看起來只是學習縫紉的技巧或認識布料，但卻隱藏著許多學習驚艷，其實，方案教學最寶貴的地方，就在於這是一門融入各種生活教育、品格教育，同時包含團隊合作、共同解決問題，所以孩子在其中也自然學會專注、懂得珍惜萬物的態度和觀念。

第七章

成為生命中共同的美好

每到寒冬歲末之時，附幼年度大事，就是校友回娘家活動，猶如年初二嫁出去的女兒回娘家，園長媽媽和老師們歡歡喜喜迎接畢業校友們 的歸來，回來附幼看看他們人生的第一所學校，多年下來，園長媽媽、老師、家長、附幼景物依然，改變的是孩子，孩子如雁鳥歸來時，長大許多更加成熟穩重了。

如果說新年是家人團聚的日子，附幼校友回娘家，就是附幼這個大家庭散落在各地的大小孩、小小孩回家團圓的日子，一年的時間，說長，不長，說短，不短，剛剛好，藉由校友回娘家的這一天彼此分享生命成長的喜悅，說說這一年來生活的甘苦，是一種關心也是一種情感的交織，聊過後，大家更有力氣面對新一年的挑戰。

歡迎校友回娘家

在北方，每到冬天即將來臨時，就會看見成群結隊的雁鳥往南飛行，在飛越過大海洋後，臺灣也會是牠們的中繼站，休息一陣子後，雁群又繼續南飛。

雁群如何飛越過大海洋呢？挺過海洋中的風與不穩定的氣流？

在飛行的途中，藉由雁群的力量讓雁鳥的飛行更為省力，也讓雁群挺過大自然給予的考驗；引領群雁往前飛翔的頭雁，如果累了會自動退回雁群中，此時，自動會有一隻雁鳥替代頭雁，由牠繼續帶大家往目標前進；如有同伴出現狀況，雁鳥們不會拋下這隻受傷的夥伴，會有一隻雁鳥陪伴牠，直到恢復然後趕上隊伍，這就是自然界中當雁鳥南飛時，除了要躲避寒冷的北方氣候外，隱藏在飛行其中，值得我們組織團隊學習的精神：輪流領導、團隊合作、互相扶持……

授權的開始、責任的承擔

「我剛來時，老師們甚麼都不會，只會教學、照顧小朋友，所有行政工作都是園長在做，我就從一開始教，老師們就教一學一，兩年後，有一天負責保育行政工作的玲玲老師回過頭來跟我說：園長妳的方法不好，我的辦法比較好，我不需要做成厚厚的一本，我只要薄薄的幾張，就可以完成還能得獎。」

就這樣，附幼老師們在園長媽媽親自教導下，每個老師除了有教學上要做的事情，也承接了行政工作，在一開始，看似老師蠟燭兩頭燒工作量增加，但因為老師們懂得運用有效率的方法做事情，在行政與教學中老師更顯得游刃有餘，老師們逐漸在工作中獲得自信、成就感與享受工作中的樂趣。

「當較細項的行政工作由每位老師承接後，再回到班級，我希望老師們也能在班級中獨當一面，畢竟班級是由第一線老師們在經營，她們也必須要有勇氣去面對家長闡述教育理念、做親師的溝通、更進一步希望能做到親職教育。」

園長媽媽有心帶領大家往前進，但也要看老師們是否有心，願意跟隨園長媽媽的腳步向前邁進。

玲玲老師娓娓道來自己在附幼成長的軌跡：

「來到附幼之後，我開始學習什麼才是承擔、什麼是勇敢、什麼才是當個有肩膀的人。開家長會是每學期必須進行的活動，因為老師可以利用這個機會闡述教學理念，介紹即將進行的課程與家長需要配合的事務。剛開始，開家長會的時候，老師們站成一排由園長逐一介紹，我們只要負責往前站一步、點個頭就可以退回原位，這樣的方式太適合我這種害怕在眾人面前展現的個性，但漸漸的園長開始放手給我們，她在會場的時間逐漸減少，直到現在，園長在我們開家長會時，她是負責在前面接電話、看大門……等工作。

也因此，我開始要求自己不管之前有多麼膽怯懦弱，但是現在的我必須挺起肩膀、抬起胸膛，接受各種挑戰。現在，在家長面前說話，我不再感到害怕，而是享受被看重的感覺。」

在園長媽媽有計畫的引導下，附幼老師們可以自行規畫整個家長會、親子活動等內容，到後來園長媽媽不再是附幼家長會或各項活動的主軸，所有活動的發球權都是在老師的計畫中，園長媽媽退居幕後，當活動的捕手，隨時替補老師們漏接的球，讓活動可以圓滿順利。

隨著時間的流逝，在附幼中每位老師已可以獨當一面，猶如群雁起飛時，領頭雁累了，隨時都有其他雁鳥可上前補位，附幼教師們也是如此，形塑出如雁鳥群飛的團隊，每個老師都可以當領頭雁承擔大局，必須能夠面面俱到也必須要瞻前顧後，而跟隨在後面的老師，則是順服配合頭雁的領導，當與頭雁意見相左時，大家願意坐下來互相溝通討論，思考解決之道共創雙贏的局面。

慢下來、飛得更遠

走進幼教現場，看到的是孩子可愛的臉龐，聽見的是孩子爽朗的笑聲，隱藏在其中的是老師們猶如千手觀音般，必須要眼觀四面耳聽八方，深怕一個疏漏沒能接住孩子們投出的變化球，而讓孩子們有狀況，這是幼教現場；回到家，面對的又會是另一種景象，在在挑戰身為幼教現場老師們的極限，久了老師也會如雁鳥倦了，必須要停下來休息，休息不是偷懶，休息是為了走更遠的路，附幼老師們也是如此。

「園長媽媽，我今天能否請假一天，我需要透透氣，我需要出去走一走？」

「好，沒問題，妳要去哪兒走走透透氣？」

「淡水。」

「園長媽媽，請問一下，我老婆今天有去上班嗎？」

「沒有喔，但有說她要請假去走走散心。」

「有跟妳說去哪裡嗎？」

「淡水。」

那一天，貞貞老師回到家自動切換成媽媽角色，要照顧嗷嗷待哺的小孩、要準備晚餐又要忙做家事，小孩不好好聽話趕快將功課完成，先生又沒有及時救援，讓貞貞老師壓力瞬間爆開，隔天，她選擇出走，去看海調適沉澱心情，同時，思考如何解決失序的家庭生活。

「家才是一切的根本，家人沒有安頓好，老師的心也無法安頓好，回到學校來也不會有好的教學品質，當貞貞老師打電話來，我當然就是給予支持。」

在附幼中，當老師們的情緒受家庭因素的影響時，輕輕地拍拍老師的背膀，就是一股最大的行動力，讓老師們得以在工作與家庭間，尋得一份心靈上的支持與慰藉。

猶記得是在夏末秋初季節，小蘭老師的身體向她發出紅色燈號，提醒她需要停下腳步好好照顧自己的身體，當這樣的訊息傳遞出來時，對於園內其他老師而言，突然有缺了一角的感受，八位老師如同鼎立在教室裡的八根支柱，瞬間，支柱少了一根，老師們要面對的是怎樣的景況？而小蘭老師的身體是否能如預期中順利恢復？一切的不確定感在附幼老師間蔓延，園長媽媽更要承受莫大的壓力，除了面對老師、面對小朋友及家長，如何讓幼兒園正常運作下去？如何讓這一個插曲，化為幼兒園的養分？在在挑戰園長媽媽與老師們。

繼續往前飛，期待歸來

在幼兒園中，當老師有狀況時最直接、最快速的作法，就是老師離開現職，幼兒園再去另尋新老師進來，這是最迅速解決問題的方式，這樣能給現場老師、幼兒園小朋友與家長一個交代，同時也維持幼兒園的正常運作，但臺大附幼團隊，就是那麼與眾不同與獨特。

「在我的心中，老師才是第一順位要照顧好的人，然後是小朋友，接著是家長，為什麼？因為當我把老師照顧好，老師自然會照顧好學校的小孩，小孩能夠每天開心上學，家長自然能夠安心去上班，如果老師有狀況，小朋友會快樂嗎？家長會放心把孩子送來學校嗎？這個答案大家可以去思考一下。」

園長媽媽在第一時間面對這個問題時，所想到的不是要小蘭老師離開，取而代之的是希望能幫助她身體恢復健康，附幼老師也認同園長媽媽的想法，不約而同地認為，小蘭老師身體需要長時間靜養，就讓小蘭老師無後顧之憂好好休息不要牽掛學校的事，畢竟，學校仍有七位老師加園長媽媽頂住，但一個班級還是需要有兩位老師，於是我們尋找代課老師來暫代小蘭老師的位置，大家等待小蘭老師康復後的歸來。

回憶小蘭老師不在學校的期間，小蘭老師負責的工作，老師們義無反顧的承接下來，讓學校的運作一如往常，小慧老師更深刻體會到，那時大海班看似她一個人加一位新手代課老師在帶班，實際上是附幼整個團隊在背後默默支持著，如學期初的編班，同班群的老師很堅持，將一位需要老師個別教導的小朋友編排到她們班上，讓小慧老師可以專心帶領大海班的小孩與家長，也因此讓小慧老師有機會可以學習獨自帶領一個班級，是一種挑戰也是一種學習，當走過這個階段後，小慧老師才發現原來她是可以做到，自信與成就不可言喻，而其他老師們也因為承接了與原先不同的工作，讓自己在不同領域的工作上也有所學習。

同一時空中，老師們在不影響班級的前提下，繼續與來訪參觀團體分享附幼的課程活動，這一切看似老師們的工作加重了，其實，卻是老師各自練功的好機會，老師們必須要思考如何讓自己做的事更有效率，如何提升自己面對團體時的演說，也要讓自己在幼教專業領域上更精進。

回顧這些點點滴滴，讓人感受到缺了一角的圓，雖有不完美，但仍可以奮力向前滾動，因為有一群情感深厚的夥伴們，在工作岡位上，互相支援繼續努力著。

別怕，我們帶你一起飛

每年的暑假，是老師們的假期，對附幼而言，是一學年的結束也是新學年的準備期，準備迎接九月份要入園的小小孩，也準備迎接要來附幼實習的幼教生力軍。

實習老師如同剛入園的孩子一樣，實習會面臨到的情況，是這些大孩子不可預知的，她們會有所擔心也會有些許害怕；同樣的，附幼老師也不知會與哪一位實習老師相遇，她們進入班級中，是一股助力還是一股阻力呢？一切都是未知數，如同繪本《鱷魚怕怕牙醫怕怕》，在尚未照面前，彼此都存有些不確定感，但不同於故事結局，附幼老師卻也因此與這些大孩子建立起深厚的情誼。

每位實習老師其實都背負著原生家庭給予的教育踏入這個社會，有些實習老師開朗積極，很快與園所打成一片，有些則是要花時間適應實習生活，有些則是在附幼實習時，改變了他們對於生命的態度，這些看似成人的外表，其實隱藏的是一顆需要撫慰的心靈。

「Eva，對於接下來的實習，妳有沒有為自己設定學習的目標？或是想要試教些甚麼？」

「沒有，妳要我教甚麼我就教甚麼。」如同 Eva 高傲冷酷的外表，她的回應也是如此的直接了當、如此的酷。

「也許是我們還不熟吧，再給一些時間，或許會不一樣吧!!」

經過一段時間，小企班兩位專任老師，感受不到Eva在此學習的心是愉快的、是積極要參與幼教現場的教學或事務，且身形日漸消瘦，這孩子到底是怎麼了？

在附幼實習的老師就如同是附幼老師的小孩，不是只有引領她們在幼教專業領域上的學習，也希望在實習期間遇到任何困難，只要孩子願意，我們都願意坐下來好好的談。

在孩子們都離園後，老師們結束一天的工作，實習老師們脫下工作服整理好要離開附幼，當Eva走近教室門口時，小蘭老師脫口問：「Eva，妳還好嗎？」接踵而來的是一陣靜默，兩位專任老師不約而同回頭，只見Eva仰著頭不讓眼淚從臉龐中滑落。

「我沒事，只是有一些不舒服。」

「喔！要記得去看醫生，如有需要，請假也沒有關係。」

不解，簡單的一句問候，卻能引發 Eva 的眼淚，而她的回應卻是如此的輕描淡寫。

在大人的世界裡，有些人不想也不願意吐露自己的內心世界，更不想面對，這些人帶著假面遊走在人間，很辛苦，不同於小小孩的世界，喜怒哀樂全寫在臉上，只要問怎麼了，小小孩就會飛進妳的懷中告訴妳發生甚麼事情。

也許 Eva 真的是如她所言身體不舒服，是兩位老師多心，也許真的有狀況，但她不願說出來，我們也無從幫起。

某天，當每個孩子一一進入夢鄉後，偌大的小企班就顯得特別的安靜，偶爾只聽見小小孩夢中的囈語，小慧老師趁著午休時刻翻閱孩子的手冊，寫著孩子今天的學習狀況，此時，Eva 走近來說：「老師我可以跟妳談談嗎？」「好」，小慧老師放下手邊的工作，多日來對於 Eva 的疑問，希望藉由這次的談話可以獲得答案。

聊過後，才知，原來 Eva 冷酷高傲的臉龐是她的假面，在人生剛起步的階段中，她經歷親人突然逝去時，她選擇自我放逐，選擇呼朋引伴遊戲玩耍填補內心的空缺，直到遇見心愛的人，讓她生命重新燃起色彩，怎知，老天爺繼續要修鍊她，某天，一場意外事故讓愛人也離她而去，她再也無法承受這些生命中的大傷，這次她選擇躲起來，一個人用閱讀用寫作來舔拭這些傷口。

屬於愛哭包的小慧老師在聆聽時，眼淚也隨著 Eva 的故事撲簌簌落下，對於人生心靈的大傷口，小慧老師也不知該如何告訴她要怎麼去面對處理，但小慧老師肯定的是，將她擁入懷裡，給她大大的擁抱，讓她浸潤在附幼滿到爆的愛與關懷中，可以讓 Eva 的心靈，有一個安全的依靠，不需要偽裝只要做自己，就可以很放心很開心很愉快在附幼中實習。

卸下假面的 Eva，開始嶄露她編導戲劇的長才，那年的最後一天，在她帶領之下，實習老師共同完成一場戲劇表演，贏得小孩、家長、園長媽媽和老師們的滿堂喝彩；當 Eva 學校的老師來附幼訪視時，看見她竟有如此大的轉變，感到不可思議，在此的學習也重新開啟 Eva 人生的另一篇章。

生活，因你而多彩

在附幼裡，除了小朋友、老師外，附幼的爸爸媽媽也自成一個群體，他們的相逢緣起於孩子來到附幼這個地方，進而相識甚至成為莫逆之交，正是附幼拉起這條紅線，將附幼家長們的手緊緊牽在一起。

在家靠父母、出外靠朋友，這句話雖流傳許久，但用在今時今日卻也十分的貼切，現在的家庭大多是小家庭，特別是爸爸媽媽都是上班族，雖然讓經濟不虞匱乏，有好的生活條件，可是當家庭有急事或孩子學校放假時，父母其中一人就要請假處理，或是要把孩子送去參加營隊，沒有後援部隊可以依靠可以充當父母的救援手，這就是身為現代父母的生活寫照。

而附幼的家長也是如此，但是特別之處在於，因為孩子，家長們有共同的話題，面臨類似的狀況，於是家長們在閒聊間，聊著聊著就聊出解決的辦法，如：家長工作開會較晚，臨時無法來接小孩，就會請孩子同學的爸媽，幫忙到幼兒園一起把孩子接走，或是小朋友在國小低年級階段，家長們在中午放學時間，輪流接小朋友到彼此的家裡做功課，等對方的父母親下班來接，如此省去家長對於安親班的疑慮，也減去家長的擔心；面對孩子有相同的學習內容，家長們憑著本身的學識涵養組成小朋友的共學團，由家長輪流當老師親自教授孩子，讓孩子的學習能無縫接軌，這就是臺大附幼的家長群，成為彼此肩膀互相依靠互相支援。

在附幼，家長們會因為本身的興趣而吸引相同興趣的人結伴同行，如愛好大自然的人，每到假日時幾個家庭相約，就帶著孩子一起走進大自然的懷抱，而孩子也因為同學的參與，在過程中，除了嘻笑玩樂外，也像是探索者探索大自然的奧秘。

獨樂樂不如眾樂樂，隨著近幾年露營風開始吹起，這股風也往附幼家長吹來，於是，這群愛好大自然的家長登高一呼，在社群上發起附幼歷屆畢業校友及在校生聯合舉辦跨屆的大露營活動，在熱心家長們的號召下，果真吸引各屆喜愛大自然的家長們紛紛「揪在一起」，至此，附幼家長間的情誼網路，不再僅止於水平連線，縱向的聯繫，也因為附幼大露營的活動，更加緊密的「揪結」在一起。

大露營活動，最開心的莫過於是這群附幼小朋友們，他們繼續在露營場地裡，上演奔跑嬉戲玩耍的劇碼，不同的是：玩，不再分你的同學、我的同學，我們大家都是附幼的同學，我們都可以玩在一起，於是，就會看見一群較大的孩子後面跟著一群小小孩，大家一起往前衝的景象，當有小小孩跌到了，大孩子們就會停下來看看、拍拍小小孩，問：ＯＫ嗎？沒事！好，我們就再繼續玩下去吧。

畢業校友君君媽媽在ＦＢ，分享她參加第一屆大露營的喜悅：

「附幼家長第一次舉辦大露營活動，且是跨屆的露營，滿滿都是附幼的帳篷，還分區喔，你是哪一屆畢業生就在那一區，然後還可以到各帳篷串門子聊聊天，很好玩。」

友人回應：「滿滿都是帳篷，很好奇是什麼樣的情況？」

君君媽媽：「就是看電影包場的概念，全都是附幼的家長和小孩，可以想像場面的壯觀吧！」

在學校，愷愷媽媽也回憶大露營當天的活動說：「家長們忙著備料準備露營的晚餐，大家邊做事邊聊天，根本沒有注意到自己的孩子在哪裡，孩子就自己和同學玩在一起，後來，梅子的媽媽牽著愷弟回來給我，原來，愷弟跟著哥哥和同學玩，跟到後來就跟丟了，於是看到的家長就送回來給我，完全不用擔心孩子會走丟的問題，因為家長都認識也認得這是哪一家的小孩，遇到了就會帶過來，很放心。」

在每次的露營活動裡，家庭與家庭間的界線模糊了，天地之間，就是只有附幼這個大家庭，所有附幼人就是一家人，而園長媽媽和老師受邀參與其中，對於活動之大、場面之廣，深受感動，也讓人深深佩服這些在幕後籌備的家長們，附幼園長媽媽和老師們則依然穿梭在每一個帳棚之中，猶如一條絲線，將附幼人的心緊緊的串連在一起。

在初春的早晨，晴朗的天氣，附幼校園早已充滿孩子探索校園追逐嬉戲的聲音。

「園長媽媽，剛剛小餅跌倒，臉部的擦傷面積很大。」

「沒關係，先送來我這邊，然後打電話給家長，告知小餅目前的情況，把小餅送來這兒，我來照顧。」

待在園長辦公室的小餅，藉由看影片來減低疼痛感，適巧，瑋媽從園長辦公室經過，看見小餅坐在園長媽媽身旁，但臉部似乎不太對勁，瑋媽醫生雷達又升起，問：「小餅怎麼了？」園長媽媽說：「跌倒臉部擦傷。」，瑋媽發揮她專業看診後，用輕柔的語調說：「小餅，沒有關係，只要把傷口清理乾淨再塗上一些藥膏，很快就會好的。」

小艾的爸爸送小艾來上學時，擔憂的神情掛在臉上，老師問：「小艾怎麼了？」

「昨晚在家跳來跳去，撞到下巴撞出一個小洞，但星期天晚上沒有醫生，不知怎麼辦，只好打電話給孫爸，請孫爸幫忙。」，孫爸說：「今天一早會先來學校把小艾接去診所檢查，看看狀況，如果有需要縫合就會馬上進行。」

「昨天夜裡，小織的媽媽腹部突然劇烈疼痛，送醫院才知是急性盲腸炎，需要緊急開刀，但小織怎麼辦？我又不能把她帶去醫院，她需要睡覺休息，只好打電話給小禎爸爸媽媽請他們幫忙，小禎爸爸媽媽二話不說，馬上開車來把小織接到他們家去，讓我可以好好在醫院專心照顧小織的媽媽。」

小織爸爸對於小禎家能夠及時伸出援手，臉上充滿無限的感激。

患難見真情，曾經思考過為何附幼家長間的情意可以如此的細水長流，不只是因為孩子或是因為學校，而是在接下來的歲月中，當某個家的爸爸媽媽需要協助，上至找醫生下至出國找學校，只要家長發出訊號，附幼的家長們就會出手幫忙，渡過人生的關卡，錦上添花人人都會做但不見得銘記在心，雪中送炭的真情，卻可成為人生中永不抹滅的記憶與感恩。

臺大附幼，是大家永遠的家

當冰雪開始融化之際，雁鳥又再度啟航，這次的目的地是雁鳥們要回到牠們生長的地方——北方。

每到寒冬歲末之時，附幼年度大事就是校友回娘家活動，猶如年初二嫁出去的女兒回娘家，園長媽媽和老師們歡歡喜喜迎接畢業校友們的歸來，回來附幼看看他們人生的第一所學校，多年下來，園長媽媽、老師、家長、附幼景物依然，改變的是孩子，孩子如雁鳥歸來時，長大許多更加成熟穩重了，想當年：

爸媽離開時，倚著附幼大門哭喊著，要爸爸媽媽回來不要走。

上完廁所，拉起褲子，內褲頭永遠捲捲的，需要老師幫忙整理。

因好奇把珠子放進鼻子裡，差點卡在裏頭，還好老師及時發現。

為了學會騎腳踏車，為了不要輸給同學，中午用完餐，就飛奔至腳踏車棚，馬上牽著腳踏車，又開始練習，跌倒了再爬起來，只因為「我想要學會騎腳踏車」！

為了學會吊單槓，抓住單槓沒有幾秒，雙手沒力氣就掉下來，那時，老師一定會陪在身邊，老師會告訴我，別怕別擔心，老師會接住妳，『接住我』減低對抓不住掉下來的恐懼，於是每天早也練習晚也練習，練出雙手起了水泡時，發現我可以輕輕鬆鬆如小猴子般盪過單槓，原來吊單槓也難不倒我。

為了要記住老師小小傳令兵的內容，回家告訴爸爸媽媽，只好口中不斷的念念有詞，提醒自己不要忘記，有些同學為了怕忘記，就到美勞角拿出紙和彩色筆，將傳令兵的內容改成圖像記錄，也有放學爸媽來接時，爸媽問傳令兵的內容，同學竟然叫他爸媽來問我，真不知道誰才是小小傳令兵。

……

這些陳年的故事，存在每位附幼人的記憶中，回娘家時，故事就會被翻開來再一次品味閱讀，猶如一同進入時光機，回到過去的歲月中。

每年的校友回娘家，回來的不只是畢業校友、家長，還有校友的阿公阿嬤，這些阿公阿嬤是一群默默為自己孩子、孫子不斷付出的長輩，為了讓孩子在工作上全力以赴無後顧之憂，阿公阿嬤就負起接送孫子上下學的任務，這些阿公阿嬤更是贏得附幼園長媽媽和老師們的尊崇，自然而然，園長、老師們也把小朋友的阿公阿嬤，當成是自己的阿公阿嬤了。

「玲玲老師，我每年一定都要在校友回娘家時回來看看園長、老師們，真的好開心看見妳們都沒有變。」

「阿嬤，妳也沒有變啊，一樣那麼『勇健』、那麼『古錐』。」

「沒有喔，我最近身體沒有很好，也不知是甚麼原因？唉！人老了就有很多問題。」

「放心，阿嬤一定『吃百貳』，明年校友回娘家，阿嬤一定還要回來看我們喔！」

……

這是宸宸阿嬤在一次的校友回娘家時，看見玲玲老師所說的話，讓玲玲老師記憶很深刻，十二月中旬回娘家的日子，變成是一種約定，園長、老師和附幼人的約定，不管過去一年過得如何，回家的日子到了，我們就會回來，同時期待新的一年。

在隔年的校友回娘家，玲玲老師試圖想要在黑壓壓的人群中尋找宸宸阿嬤的身影，可是卻沒有看到，問其他老師：「有看見嗎？」「沒有」，玲玲老師不由得滴咕起來，宸宸阿嬤怎麼失約了，難道是身體有狀況嗎？突然有一種擔心湧上心頭，有一種失落的感覺，阿嬤怎麼了？第三年的校友回娘家又來了，園長媽媽和老師們一樣忙於和所有畢業的校友們、家長、阿公阿嬤寒暄問候，當玲玲老師走在大熊班的洗手台走廊時，突然聽見一個熟悉的聲音在呼叫「玲玲老師」，回頭看時，啊！原來是宸宸阿嬤，開心的擁抱在一起，宸宸阿嬤也細訴著過去這一兩年的生活及身體狀況。

在附幼實習的老師們實習結束後，才是他們人生邁入職場的開端，附幼這個大家庭對於這些孩子，總是展開雙臂隨時歡迎他們回娘家，附幼如同是他們人生的另一個休憩的港口，在外，遇到任何酸甜苦辣，都可以回來與娘家的園長媽媽、老師們分享。

每年的校友回娘家，總是娘家們最忙碌的時刻，這些飛出去的實習老師們，也如同自己的孩子，會貼心的來信詢問是否需要幫忙，告訴老師，她們可以回來協助回娘家照顧攤位的時間，孩子們回來幫忙，娘家的園長媽媽、老師就如同增加好幾雙手，可以稍微休息一下。

「哈囉，貞貞老師，我回來了，我要來顧二手新品攤位。」

「小瑜，身旁這位帥哥是誰呀？？」

小瑜老師紅著臉回應說：「是我的男朋友啦！」

「喔，有聞到幸福的味道喔！」

兩三年後的校友回娘家日子，小瑜老師再次趁著校友回娘家的日子回來看大家，這次回來又多了一個人。

「小知乖，來來來，這位是園長阿嬤、這位是小蘭老師、這位是蔡蔡老師…他們都是媽媽的老師喔。」

「哇！小知乖，小瑜的小孩，想當年來實習時，小瑜老師也是小小的很可愛，沒有想到現在已經升格當媽媽了。」

如果說新年是家人團聚的日子，臺大附幼校友回娘家，就是附幼這個大家庭散落在各地的大小孩、小小孩回家團圓的日子，一年的時間，說長，不長，說短，不短，剛剛好；藉由校友回娘家的這一天，彼此分享生命成長的喜悅，說說這一年來生活的甘苦，是一種關心也是一種情感的交織，聊過後，大家更有力氣面對新一年的挑戰。

大好文化　大好生活 2

感謝與你相遇，成就生命中共同的美好
——我們在臺大附幼的成長故事

作　　者｜臺大附幼教師團隊
園　　長｜戴曼
教師團隊｜高素蘭、蔣美慧、李麗貞、蔡綵誼、
王燕玲、張秀玲、張錦慧
策畫撰稿｜胡芳芳、殷千晨
出　　版｜大好文化企業社
榮譽發行人｜胡邦崐
發行人暨總編輯｜胡芳芳
總 經 理｜張榮偉
行銷統籌｜胡蓉威
客戶服務｜張凱特
通訊地址｜11157臺北市士林區磺溪街88巷5號三樓
郵政劃撥｜帳號：50371148　戶名：大好文化企業社
讀者服務電話｜02-28380220
版面編排｜唯翔工作室 (02)23122451
法律顧問｜芃福法律事務所　魯惠良律師
印　　刷｜鴻霖印刷傳媒股份有限公司　0800-521-885
總 經 銷｜大和書報圖書股份有限公司 (02)-8990-2588

ISBN　978-986-93835-6-1
出版日期｜2018年9月12日初版
定　　價｜新台幣320元

國家圖書館出版品預行編目資料

感謝與你相遇,成就生命中共同的美好：我們在臺大附幼的成長故事 / 臺大附幼教師團隊著,胡芳芳、殷千晨策劃撰稿. -- 初版. -- 臺北市：大好文化企業, 2018.09
216面；15X21公分. --（大好生活；2）
ISBN 978-986-93835-6-1（平裝）
1.臺灣大學附設幼兒園
523.27　　107011381